投资远航
一位基金经理的投资笔记

黄建平◎著

机械工业出版社
China Machine Press

图书在版编目（CIP）数据

投资远航：一位基金经理的投资笔记 / 黄建平著 . -- 北京：机械工业出版社，2021.9
ISBN 978-7-111-69064-1

I. ①投… II. ①黄… III. ①基金 - 投资 - 文集 IV. ① F830.59-53

中国版本图书馆 CIP 数据核字（2021）第 177529 号

投资远航：一位基金经理的投资笔记

出版发行：机械工业出版社（北京市西城区百万庄大街 22 号　邮政编码：100037）
责任编辑：顾　煦　　殷嘉男
责任校对：殷　虹
印　　刷：北京诚信伟业印刷有限公司
版　　次：2021 年 9 月第 1 版第 1 次印刷
开　　本：147mm×210mm　1/32
印　　张：7
书　　号：ISBN 978-7-111-69064-1
定　　价：58.00 元

客服电话：(010) 88361066　88379833　68326294　　投稿热线：(010) 88379007
华章网站：www.hzbook.com　　　　　　　　　　　读者信箱：hzjg@hzbook.com

版权所有 · 侵权必究
封底无防伪标均为盗版　本书法律顾问：北京大成律师事务所　韩光 / 邹晓东

前言

约8年前,我进入资产管理行业,成为一名职业投资者。从那时起,我便养成了一个习惯,就是把日常的思考用文字记录下来。我慢慢发现,这种方式可以加深我的思考深度,整理思绪就像整理房间,不整理就不知道问题在哪儿,还缺什么,厘清思路后才能在之前的基础上更进一步地思考。

回过头来看,在这8年记录下来的文字中,有些内容我感觉还是比较有价值的,可以梳理一下,结集出版。一方面,本书可能对喜欢投资的朋友有所帮助,也方便大家对我的投资理念有更系统的了解;另一方面,本书作为一个记录,满足了我的成就感,算是一种自我鼓励吧。

投资初始,我主要研究和投资银行业、白酒业及保险业,后来又研究水电行业，大约 6 年前，机缘巧合，我开始聚焦于医药行业，从国内医药政策、仿制药到创新药，再到国际药企，而后到国际前沿生物医药技术平台，我日夜学习思考，一步步走来，自我感觉很充实，也很兴奋。本书可以窥见我的这些收获，希望对读者有所裨益。

本书分为三篇，分别为：

1. 访谈与问答篇，收录了一些重要访谈的内容。

2. 投资案例与行业分析篇，列举了过去比较重要的投资案例，并收录了一些行业分析的文章。

3. 策略与思考篇，记录了过去 8 年有关投资方法的思考。

声明：为了遵守出版业的相关规定，本书不包括纯粹的科普内容，一小部分关于医疗技术的描述属于从投资的角度分析其投资前景，不能作为医病救人的依据，有相关症状请去正规医院寻求系统的治疗；为了遵守基金业的监管规定，本书中不包含任何基金名称、基金业绩和基金条款，书中的投资案例和行业分析属于作者对公司和行业基本面的个人见解，不构成任何投资建议。股市有风险，投资须谨慎。

目录

前　言

访谈与问答篇 // 1

专访：在高利率时代冬播希望的种子 ... 3
如何创造超额收益 ... 13
2020 年雪球直播交流会（文字版）... 17
雪球医药论坛访谈 ... 33

投资案例与行业分析篇 // 41

医药行业 // 43

医药行业的竞争特性 ... 44
医药行业投资研究方法浅谈 ... 47

记录一个投资案例：中国生物制药 ... 52

RNAi 药物的投资前景分析 ... 56

mRNA 疫苗制造工艺 ... 61

关于乙肝药物的投资前景分析 ... 64

关于糖尿病药物的投资前景分析 ... 68

一个有投资前景的技术：PROTAC ... 73

浅谈 ADC 技术的投资前景 ... 76

基因治疗的技术展望 ... 80

脂质纳米颗粒的原理 ... 83

浅谈国内药企的现在和未来 ... 86

记一个投资案例：TG 治疗 ... 90

几个有投资前景的前沿抗癌技术 ... 93

癌细胞诞生覆灭记 ... 96

脂肪酸和脂质传奇 ... 99

记一个投资案例：基因编辑 ... 102

银行业 // 105

谈银行业的投资价值 ... 106

如何分析银行的真实不良率和拨备率 ... 109

水电行业 // 115

投资水电股的逻辑 ... 116

梦游篇：水电站致富之道 ... 120

白酒行业 // 123

此时看好高端白酒的逻辑 ... 124

贵州茅台实际销售收入的计算方法 ... 128

白酒行业的投资逻辑 ... 132

策略与思考篇 // 135

关于公司分红策略的探讨 ... 137

公司内在价值实现的 11 种路径 ... 140

如何给公司估值 ... 149

浅谈 GDP 增长的关键因素 ... 151

投资分析的几大误区 ... 155

浅谈公司估值的影响因素 ... 158

分析公司的一些经验 ... 161

市盈率应考虑合理负债率 ... 164

从概率上看投机的危害 ... 166

集中与分散 ... 169

关于低估和高估 ... 172

应该跟随巴菲特买股票吗 ... 175

变化是永恒 ... 177

PB 估值法的适用性 ... 179

浅谈资产负债表在估值中的意义 ... 181

如何考虑 A、H 同股的估值差异 ... 183

如何评估基金经理 ... 185

护城河：进攻才是最好的防守 ... 187

关于投资组合分散集中 ... 189

如何看得远一点 ... 191

长期跑赢指数为什么很难 ... 193

浅谈概率与仓位匹配 ... 195

认真经历每一段 ... 197

人类社会发展的根本动力是什么 ... 199

内在价值的确认过程 ... 201

浅谈利率的高低 ... 203

2017 年投资总结 ... 205

2019 年投资总结 ... 207

2020 年投资总结 ... 209

访谈与问答篇

专访：在高利率时代冬播希望的种子[一]

黄建平是《巴菲特投资案例集》的作者，也是巴菲特的忠实粉丝，他的父辈经营酒厂的背景让他对白酒有了更深刻的理解。他认为从价值投资的角度上看，被市场遗弃的高端白酒非常有价值。"这是最好的时代，要买就买大蓝筹。"

在 A 股市场中，他主要买大中型的蓝筹股，在香港股市中，他却主要买被市场边缘化的小型股，因为这两者的实质都是——够便宜！"高利率打击了股价，正好给了我们更好的买入价格。"黄建平说。

中长期看好高端白酒

《红周刊》：流行观点认为限制"三公"消费对白酒股的巨大

[一] 原文载于《证券市场周刊·红周刊》2014 年第 10 期，记者袁园。

打击是白酒板块调整的主要原因,您认同这个说法吗?

黄建平:限制"三公"消费只不过是一个导火索而已,白酒回调的本质在于行业供大于求以及价格透支,2010年茅台终端价格在一年时间内从1000元非理性地突破2000元。限制"三公"消费点燃了产能过剩的中高端白酒市场量价齐跌的导火索,进而传导至中低端白酒市场,乃至全行业。其实,白酒行业是一个周期性行业,且周期比较长。从历史数据看,白酒行业的周期大约为10年。当某个行业顺风顺水时,高利润率往往驱使各路资本进入,产能快速提升,进而出现全行业供大于求的状况,钢铁是这样,白酒亦是如此。

《红周刊》:历史上白酒也经历过繁荣之后的深度调整,那段历史对现在的白酒行业有什么借鉴意义?当时走出低谷的信号是什么?

黄建平:我觉得过去未必能揭示未来,它只能为我们提供经验。上次白酒行业大概是从1998年开始调整,到2004年、2005年才走出低谷,当时比较明显的现象是白酒的出厂价都在上涨,销量也在上升。资本市场往往会提前做出反应,一线白酒股价在2003年就见底了。

从历史情况来看,上轮白酒行业调整开始后,白酒的总体产量是在下降的,但是在这轮调整中白酒的产量还在上升,所以我认为白酒行业的调整或许刚刚开始，中低端市场也刚刚进入红海。但是白酒股不一定就是这样，高端市场就茅台、五粮液两家，高端酒价格下压会占领中低端酒原有的市场，高端白酒的市场需求很可能不会大幅缩减，而中低端白酒的价格竞争会对中低端白酒公司的利润有损害。

《红周刊》：五粮液和茅台也在做战略调整，有意发展中端产品。对于公司整体利润来说，这有利还是无利？会不会挤对自己的高端产品？

黄建平：我认为五粮液和茅台发展中端产品对公司是有好处的，不会挤对自己的高端产品，它们挤对的是其他品牌的中端产品。公司发展中端产品是一种市场战略，但对于利润而言，中端产品不会贡献太多的力量。我还是最看好两个顶级白酒品牌，飞天茅台和五粮液，它们是贡献利润的主力。做好这两个品牌，这两家公司日子就会过得很滋润。

《红周刊》：您此前说过，关键是守住价格，如果茅台降价，将是一个败笔。

黄建平：制造品牌的公司都不是通过降价真正发展起来的，主要靠好产品。像这样的高端品牌需要维持高端的形象，比如我们喝"茅五"（茅台和五粮液），面子也是其中一个原因，这在几年之内都不会改变。然而，一旦产品降价，这种预期将发生逆转,现在茅台的零售价已经下降了一些,消费者的预期开始发生变化。如果出厂价再降低的话,那么渠道商的预期也将发生逆转,这不是一个好的策略。

《红周刊》:最近在资本市场上低端白酒比茅台表现得更好,如果白酒整体见底反弹了,您是看好二、三线品牌还是一线龙头?

黄建平:我一直看好高端白酒,比如茅台、五粮液。首先,我是长期投资者,判断投资机会一般以5～10年为时间尺度;其次,我对高端品牌白酒的未来更有把握。白酒行业整体产能是过剩的,截至2013年,总体产量约为1200万吨,最近连续10年都在增长。但是其中至少有半数白酒是用食用酒精勾兑的,粮食酿造的不足600万吨,这意味着中低端白酒的品牌和质量都不够硬,竞争优势不明显。很多酒厂会向中端发展,所以这部分市场竞争非常激烈。即使个别中低端白酒公司的销售收入上升了,其利润也很难提升,而且很难判断究竟谁会胜出。

我一直认为品牌构成了白酒企业的核心竞争力,茅台、五粮液已经占领了高端白酒市场,即使近几年出厂价不提高,销量也不增长,目前的股价也有足够的安全边际[⊖],况且,随着居民人

⊖ 截至2014年2月13日,贵州茅台、五粮液的市盈率分别为9.9倍、6.17倍。

均收入不断上升，高端白酒的价格和销量还有上升空间。

《红周刊》：我发现您很有意思，2013年中期把茅台换成了五粮液，现在又换过来了。这样做是出于什么考虑？

黄建平：我当初建仓的时候，茅台相比五粮液更贵，这是我用自己的一套估值方法来测算的，我看哪个更便宜就买哪个，把五粮液换回茅台只不过是在同类资产之间重新做了置换。2013年底茅台股价在120元左右，和五粮液的估值差不多，但是茅台在属性上更好，品牌和渠道控制能力更强，见底时间会更早，所以我就把大部分换回来了。

《红周刊》：我注意到，您在给银行和白酒估值时，给予这两类资产不同的市盈率预期，为什么？

黄建平：对于重资产公司，比如银行和房地产公司，靠利润再投资来维持净资产收益率（ROE）的增长是其主要特点，若利润全部分红，这类公司就难以增长，即长期ROE增长率基本和利润增长率一致。若评估这类资产的长期净资产收益率是15%，预期年投资收益率是15%的话，那么也可以估算出在1倍市净率（PB）以下买比较安全。而对于轻资产的公司，若利润全部分红，这类公司的利润还可以继续增长，这也是我给茅台25倍市盈率（PE）的原因。

《红周刊》：请解释下恒等式"ROE×PE=PB"。

黄建平：将上述公式分解一下，ROE=净利润/净资产，PE=市值/净利润，PB=市值/净资产，则有PB=（净利润/净资产）×（市值/净利润）=市值/净资产。ROE×PE=PB在公式上是吻合的，在基本原理上也是吻合的。这里的核心因素是，对于不同的商业属性，应给出不同的长期ROE和长期合理PE估算值。

避开估值泡沫板块

《红周刊》：对于A股您只买市值在100亿元以上的大中型蓝筹，对于港股却相反，个中原因是？

黄建平：A股市场正呈现一个结构分化的奇特景象，中小市值的股票估值达到历史高位，创业板市盈率高达60倍，而上证指数却达到历史低位。美国股市和中国香港股市则正好相反，美国和中国香港股市中的蓝筹股估值长期高于小盘股，小盘股由于竞争能力整体弱于蓝筹公司，所以在估值上长期处于弱势，甚至被边缘化。

在A股市场中，资金避开难以撼动且波动率小的蓝筹公司，去追逐容易炒作的创业板等小盘股票，使得小盘股的股价严重透支了未来的业绩。我预期，这种情况会由于新股发行实行注册制而发生深刻变化，所以创业板目前面临较高的风险。在香港"捡烟头"⊖每年也可以有不错的收益,比如某公司没有任何负债,有10亿元的现金,它的市值比现金还低,而且主营业务还有盈利,这样的公司我们可以分散去买。市场主力资金不碰的机会,我们才有机会可循。

《红周刊》:A股市场分化得很严重,整体估值一直处于历史低位,您认为这是什么原因?

黄建平:关于这个问题的答案,巴菲特在2001年《财富》杂志上撰文做了详细解答,影响牛熊周期的两个主要经济变量分别为利率和市场对企业盈利增长的预期。利率就像物理世界的重力,当利率升高时,一方面,拥有长期债券属性的公司股票会失去吸引力,估值会逐步降低;另一方面,公众担忧高利率会损害上市公司的盈利水平,对未来企业利润增长抱悲观预期,因此会进一步降低买入股票的欲望。

近年来,国内的真实市场利率居高不下,民间贷款和信托融资等影子银行的利率普遍高于10%,近1年来市场资金更是紧张,特别是2013年的年中和年底,上海银行间同业拆放利率和国债回购收益率都大幅飙升,同期上证指数也遭遇了较大的调整。

⊖ 指"烟蒂式投资",即寻找那些股票价格远低于流动资本的公司,那些非常便宜但又有一点素质的公司。

高利率时代是播种佳机

《红周刊》：社会资金利率高企，您却几乎满仓了？

黄建平：大众一直习惯从后视镜中预测未来，被惯性思维所左右。因为，正是高利率才提供了目前高达 7% 的股票分红率和 13% 的股票投资预期收益率。美国百年的证券市场历史表明，高利率时代正是买入公司股票的最佳时机。1982 年，美国长期国债利率高达 13.6%，市场把标准普尔指数压到 8 倍市盈率，包括养老基金等机构投资者在内的机构大多不看好股市，基金投资于股票的比例创下新低，但随后几个月国债利率开始下降，开启了美国长达 17 年的牛市，道琼斯工业指数从 1982 年约 1000 点涨到 1999 年的约 1 万点。

1979 年，巴菲特在《福布斯》杂志上发表过一篇文章，名字是《当市场达成欢乐共识时，你要付出更高的买价》，市场的真实利率何时下降，我们难以预测，但冬天正是我们播种的时候。当然，播种也不是遍地撒网。

《红周刊》：您认为促使利率下降的弹性因素有哪些？

黄建平：比如利率市场化的推进。在《国富论》里，亚当·斯密在解释为什么会发生饥荒时提到一个原因就是，当粮食不足时，若政府将粮食价格控制在低位，富人就会囤很多粮食，其中浪费不可避免，而贫穷的人粮食总量在减少，就会有人饿死。一旦市场化之后，粮价升高，富人买得少了，穷人的蛋糕就大了，虽然大家勒紧裤腰带过日子，但是很少有人饿死。中国的资金就好比粮食，一旦利率市场化，国企以前以很低的利率大量占有资金的现象就会改变，这部分资金就会到小企业、民营企业中，社会整体平均的资金价格就会下降一些。

《红周刊》：看来您写完《巴菲特投资案例集》后，收获还不小，可以具体谈谈吗？

黄建平：我最大的收获是对风险有了更全面的认识。之前我对巴菲特的理解存在很多偏差，通过大量的资料整理后发现，巴菲特对于风险的控制是超乎一般人想象的。比如巴菲特有这样一个理念——以合理的价格去买好公司，我曾经理解为以每股1.2元的价格去买每股价值1元的好公司是合理的，但是后来发现不是这样，公司未来现金流折现总和可能是每股3元，那么每股1.2元的价格相对内在价值仍然不算便宜。巴菲特购买最贵的公司是可口可乐公司，却也是以仅仅15倍PE的价格买入的。遇到价格比较高的公司，即使前景非常美好，他也不会买；如果有优先股，他会选择可转换优先股，比如他第二次购买吉列、美国运通，都是从买入可转换优先股开始的。他对"便宜"这件事非常在意，完全不是市场所理解的"只要成长，买入价格可以偏贵"。

巴菲特对风险的控制可以理解为他选择公司的四个条件：第一是买了解的、能理解的公司，规避认知的风险；第二是买管理层诚实可靠的公司，规避人的风险；第三是买有竞争优势的公司，规避市场竞争的风险；第四就是买价格具有安全边际的公司，规避误判的风险。其中每个条件都涉及风险的概念，把风险放在第一位才能活得更久。

《红周刊》：您现在采取的是适当分散的策略，同时持仓5～10只个股，这跟巴菲特的原则相悖啊，对于"集中与分散"，您的理解是怎样的？

黄建平：巴菲特做合伙企业以后，将最大的仓位放在美国运通上，1964年开始逐渐加仓，1966年美国运通的仓位占到40%（这只股票涨起来之后所占的仓位）。集中和分散是两个相对的概念。发现一只被严重低估的股票，这种机会是很少的，这时候就要买入足够的量，充分参与到这个机会中来，太分散的话机会就浪费了，但又不能全部重仓一只股票，任何时候都有判断失误的可能性，所以"集中与分散"是相对的，适度就是最好的。

如何创造超额收益[一]

2019年雪球的主题叫十年如一,有球友调侃道十年如一就是大盘过了十年还是3000点。虽然指数不涨,但是投资基金依然能赚钱。那么如何在震荡的市场中创造超额收益?

超额收益是一种结果,只需要做正确的事情,就会超越指数。比如说巴菲特过去六七十年的年化收益率超指数涨幅10%,创造了一个首富的神话,实际上每年超10%,坚持50年,我估计就算无法成为中国的首富,也能成为某个地方的首富。

那么什么是正确的事?对我来讲,首先需要了解一家公司,对它进行基本的估值,比较一下估值和现在的价格存在多大的差异,就能知道大概的年化收益率和预期收益率,这样长期坚持下

[一] 根据2019年12月2日雪球圆桌论坛上的发言整理。

来，投资组合一定会超越指数。虽然中间会有震荡，比如说某段时间表现不好、跑输指数，但长期下来超越指数还是比较容易的。

我大概从五年前开始研究医药，从国内的公司开始着手。有些人研究医药是研究全行业，而我研究得比较窄，只是研究药，医疗方面研究得比较少。在研究医药的过程中，我发现中国整体的药品研发水平和国外的差距比较大——大约有10～20年的差距，因此如果不去研究国外这些同类靶点，国内的公司我也无法深入研究下去，所以我把视野拓展到全世界同一个靶点的范围，在这过程中逐渐扩大我研究的范围。

大概四五年前，我发现有家叫中国生物制药的公司很便宜，我针对这家公司写过分析文章，投资这家公司大概赚了200%～300%，投资恒瑞医药也赚了，但恒瑞医药、中国生物制药现在的估值都比较高，为什么？现在大家都来买蓝筹股，五年前没有人愿意买这些，大家喜欢炒创业板、炒小票，我那时候就盯着大蓝筹买，收益基本上是从那里来的。

我去年有一个失误。当时基金抱团买大蓝筹把估值全部抬起来了，作为基金经理，我感觉自己失去了价值，因为没有体现出差异性。这种抱团未来要跑赢指数会很难，我内心有点焦虑。因此去年我尝试了其他的投资，跑到能力圈以外，连续踩了几个坑。后来我决定还是聚焦在医药上。

中国和美国整体医药行业的估值之间的差异现象是非常有意思的。有些投资者认为 A 股整体的估值还是处于相对比较低的位置，但是 A 股医药行业的估值却达到了历史比较高的位置；相反，美股估值处在历史比较高的位置，但是我关注的医药公司可能相对估值不是那么高。国内总体是僧多粥少的状态，国内医药创新公司就那么几家，现在医药行业涨得不错，大家就一窝蜂地进来把估值抬起来。整个国内二级市场的资源都是稀缺的，在一级市场能赚大钱，但在二级市场上大家就轮盘赌，去掉摩擦成本，大家整体上赚的不多。

在五年前，蓝筹股是非常便宜的，招商银行曾经跌破 5 倍 PE，很容易赚钱。现在蓝筹股的估值并不低，现在有什么东西是非常便宜的吗？没有，很难找得到非常便宜的蓝筹股。特别是以前没人买的大蓝筹现在突然变成核心资产了，五年的时间里风格转变得太彻底了。

美股的指数也在连续上涨，但是美国市场有一个特点——二级市场的资源非常多。就拿医药行业来说，几亿、几十亿美元的小公司有上百家，根本买不过来，全世界的公司都可以去美国上市，相对国内来说资源非常多，所以美国市场的估值相对合理。无论是美国的指数还是国内的指数，我都无法判断涨跌，我只知道我买的东西非常便宜,而且过去赚钱了,未来我觉得还值得拥有,还有很大的潜力继续赚钱。

过去好多年,我研究过很多行业,比如水电、银行、白酒、保险,我目前主要还是重仓医药股,因为我看好这个方向的前景。我还会继续提高在医药,特别是在前沿医药这方面的仓位,原因有两点:一方面,在这个领域我能够学到很多东西;另一方面,这是很大一个池塘,因为鱼很多。

2020年雪球直播交流会（文字版）

2020-12-28

近年来除了现金和类现金的股票、货币基金以外，我把主要的精力放在了医药股上面，目前为止我的投资标的相当于是全医药组合。建立这样的投资组合的过程说慢不慢，说快不快。随着我的研究逐渐深入，从仿制药到新药，从国内到国外，不断拓展。总体来讲这是一个渐进的过程，同时也是比较稳健的过程。

过去30年中成熟的医药技术

过去30年的医药技术主要聚焦于蛋白质。细胞内首先是DNA，DNA的下一级是RNA。DNA转录成RNA，RNA再转译成蛋白质，过去30年的研究主要聚焦通过小分子和抗体作用于蛋白质。

小分子起什么作用？我们可以认为蛋白质和蛋白质之间的相

互作用某种程度上就像开锁，小分子就是要把锁眼堵住。小分子药物通过口服或注射进入细胞里，堵住锁眼，阻止蛋白质与蛋白质之间的相互作用。

抗体主要也是作用于（细胞表面或细胞外的）蛋白质。蛋白质和小分子、蛋白质和蛋白质之间相互作用，信号一连通就会有一系列的反应，但抗体直接结合在这个点，也相当于把锁眼堵住了。这项技术催生了一大批世界级的国际大药厂和一批新的中型公司。所有大厂都在做小分子的"堵锁眼"技术，包括福泰制药（Vertex）、因赛特医疗（Incyte）等中小型公司。国内现在也主要做这两样：小分子和抗体。

几乎所有国际大药企都在做抗体，比如知名抗体和蛋白质技术公司基因泰克——一家基金经理和科学家一起创立的公司，后来被罗氏集团收购，从很小的市值成长到400多亿美元的市值。

重组蛋白稍微有点区别，属于生物技术的另一种。重组蛋白是过去30年中最成熟的医疗技术之一，比如人体缺少胰岛素和生长激素，就可以通过大肠杆菌重组生成蛋白，把它注射到人体，替代人体缺失的蛋白。

总结过去30年前到现在主要的成熟的医疗技术，就是"堵锁眼"，再加上重组蛋白，用细菌发酵，把人体缺少的蛋白注射进去。

近 20 年中一些新的医药技术

现在发生了什么变化？我们现在所处的节点是非常好的时机，我们运气非常好，5 年前可能都没有这些机会。

让我们回顾一下过去 20 年一些新医药技术的发展路径。

1. 作用机理从蛋白质向 RNA、DNA 移动。

新药作用机理从蛋白质向上游（RNA、DNA）移动，最出名的就是 RNA 的疫苗，还有 RNA 的干扰技术以及反义寡核苷酸（ASO）的技术。DNA 层面主要是基因编辑技术，今年诺贝尔化学奖就颁给了一项基因编辑技术的开发，基因编辑技术其实 8 年前就有了，而 RNA 的技术大概诞生于 15 年前。

2. 各种新技术走向成熟并开始产出。

各种新技术经过 20 年的研发和改进，已经成熟并开始产出。关于这些公司都可以写本书了，很多公司 20 年前或 15 年前就成立了，它们跌宕起伏，遍尝失败与成功。整个行业作为一个大群体不断摸索，一旦摸索出一条路，大家就相互交流、借鉴；遇到一个新的困难，大家再共同摸索，摸索之后大家又把成果拷贝过来，这个行业像垒金字塔一样一点点走向成熟。RNA 干扰（RNAi）技术是最好的代表。RNAi技术真的是经历了失败、失败，再成功，成就了几家公司，其中最大的公司市值已经近200亿美元，第二名也接近100亿美元了，我觉得未来还会更高。

5年前这些技术还只是有一点苗头，那时很多公司还没上市，投资机会也没现在这么多，现在是一个爆发的起点，未来5~10年这些技术产生的价值会逐渐超越小分子或抗体药物的价值，形成新的巨大的市场。未来10年，将是激动人心的10年。

来看看我们投资了哪些新技术：

1. **抗体药物偶联物（ADC）技术** 实际上它是个老技术，因为最近产生了销售额突破10亿美元的重磅药品——靶向HER2的T-DM1，所以最近非常热。日本制药巨头第一三共（Daiichi Sankyo）开发了一个非常好的ADC技术，抗癌生物制药公司（Immunomedics, Inc.）也开发出来了。其实这个技术我研究的时间比较长，我曾经把所有已经上市和在临床中的ADC药物都了解了一遍，我们投资的ADC药物研发公司非常有前途。

2. **蛋白层面** 蛋白层面现在出了一个新的技术，2002年诺贝尔生理学或医学奖颁给了一个胞内降解的技术——蛋白靶向降解技术。最近，这个技术的临床数据出来了——好得令人吃惊。我认为市场对这个技术的错判很严重，市场上包括华尔街分析师对很多临床数据的研究流于表面。

3. **RNA 层面**　这一层面我主要投 RNAi 技术（获得了 2006 年的诺贝尔生理学或医学奖），投了几年，现在收益已经很多了。信使核糖核酸（mRNA）疫苗我没投。

4. **DNA 层面**　基因编辑技术是年轻的，从诞生到现在大概 8 年，发展非常迅速。为什么我们敢投这个领域？因为研究 RNA 技术的时候很多技术被应用到了基因编辑里，包括它的递送技术、LNP（脂质纳米颗粒）技术，以及一些 RNA 的修饰。根据这些技术在临床上（包括在猴子身上试验）的数据，我们得出的结论就是"很行得通"，成功概率非常高，所以我们敢投。

5. **细胞层面**　主要应用于细胞治疗。以前我觉得双抗可能会走在嵌合抗原受体 T 细胞免疫（CAR-T）疗法前面，现在我的观点变了，双抗的效果比 CAR-T 疗法的效果差一个层次，我觉得所有 CAR-T 药物可能都会进前线，细胞因子风暴都是小事儿，都搞得定。现在药物越来越多，而且临床经验越来越丰富，新的 CAR-T 药物副作用还会更小。细胞治疗，特别是 T 细胞受体工程 T 细胞（TCR-T）疗法可能更厉害，TCR-T 疗法需要基因编辑。其实现在程序性死亡受体 1（PD-1）疗法主要是靠免疫细胞，细胞治疗相当于改造免疫细胞，即相当于在硅基芯片上集成很多电路，现在可以在细胞层表面集成各种各样的蛋白，然后去攻击癌细胞。而且 T 细胞有一个好处是它有记忆 T 细胞，打疫苗后抗体可以维持几个月，而记忆 T 细胞能维持几年。所以一般看疫苗能保持几年，不只是看有没有抗体，抗体只是一部分，还要看记忆 B 细胞、记忆 T 细胞等。记忆 T 细胞的一次治疗可能在很多年里都起作用，这种治疗是革命性的。

我们的投资标的都很有革命性。基因编辑也经常是一针解决，RNA 是几个月打一针，蛋白靶向降解的作用就是小分子"堵锁眼"，虽然能堵住它，可是它有一点突变蛋白靶向降解就失效了；靶向降解不一样——把整个锁去掉了，即使发生突变也没关系，总体上还有给药的优势，副作用非常小。这 5 种技术，除了 ADC 技术和细胞治疗的副作用大一点，中间 3 个真的是革命性技术，副作用很小。

我的投资分散在这 5 个平台里，每个平台里还有很多管线，所以这是分散再分散的组合，我觉得是风险较小的。很多人说买小公司不安全，但我觉得确定性对于每个人是不一样的，同一件事情对有些人来讲确定性很低，对有些人来讲却很高。简单来讲，就疫苗而言，懂的人知道是怎么回事，不懂的人就各种担心，觉得这个东西确定性很低。对于同一件事物的认识，确定性是一个主观词，所以我们要做的事情是找到对于我们而言的确定性接近于这个事件真实的确定性的概率，还要找到市场判断的确定性与对我们而言的确定性之间的差异。如果我们和市场的判断一致，其实没有意义；如果我们认为是这样，而市场认为是那样，但市场错了，你的机会就来了。我不认为小公司的风险就大，因为我们投的公司也在逐步成长，有些已经成长到市值近百亿美元了，未来它们还会成长。当它们越来越大，它们的市值越来越高时，市场认为的确定性越来越高，则它们的估值越来越高，那时候再买，收益率当然就很低。现在是比较好的投资时点。

技术平台的投资优势

为什么我喜欢投技术平台？前不久我写了一个案例（卖掉的案例我会写，没卖的案例不会写），我看中了 TG 治疗（TGTX）的两种药，因为这两种药的适应证有广泛的市场。我们能看到这两种药的前景的上限，但看不到技术平台的上限，这是因为依靠技术平台，可以源源不断地产生新药。只要这个技术平台已经成熟了，那它的风险就很低，成长性会很好，可以作为长期投资的标的。我希望投这样的公司，因为每年新钱进来后还可以继续投，完全不用操心寻找新标的，可以直接把资金放进去。

这里我简单讲讲风控里的三层防御体系。

1. 高确定性。一定要看懂商业模式、竞争态势以及公司未来前景，然后评估高概率下的企业内在价值。
2. 安全边际。这个概念来自巴菲特，它既是盈利的来源，又是风险控制的核心。以低价格买入高价值的公司，这就是我们的宗旨。
3. 弱相关性。我们构建了一个弱相关的组合，虽然买的都是医药，但构建的组合相当于分散在几十、上百个传统行业，这么说一点也不夸张。假如我的投资组合覆盖了5个平台，这5个平台之间毫不相关，且每个平台下可能又对应着10个行业，所以医药的5个平台可能覆盖了50个行业，其实这样的投资组合是非常分散的。

我的风控策略是风险前置，即通过深入的研究，把主要风险控制在买入前。

我的仓位匹配和相关性控制的原则是：仓位要和确定性相

关，要保持组合的弱相关性。此外，还要事前研究，事中评估，事后总结，这些都是常规的原则。

我的核心优势在哪里

一方面是持续学习的能力。我觉得我还年轻，过去研究水电、白酒、银行、保险、医疗，在所有领域我都学习得比较深入，自认为能超越市场上90%的人。只有持续学习，才能在私募行业里持续找到投资标的。这是一个非常重要的能力。

另一方面是深度研究的能力。我在医药行业持续学习、深耕细作长达6年，从政策研究到仿制药研究，到创新药研究，再到国际前沿的生物医药研究；从国内到国外。只要在一个点上持续大火力进行炮轰，我们终归会打出个洞。

未来怎么看

我以为目前的组合是我从业以来最满意的，这份满意已经保持了一年了，目前我仍然这么认为。组合虽然已经涨了很多，但前景还是很远大，前沿生物医药的前景尤其广阔。就像刚才讲的，我们非常幸运地处在好时候。

我们的波动可能比较大，但波幅可能逐渐收窄，因为我们的组合中的公司在成长，随着它们的市值越来越大。我们的波幅就会减小。过去一年（2020年）如果没有四次熔断，我们的回撤应该不大。但市场不可预测，作为投资人，要知道市场每时每刻都可能有波动，而且每时每刻都可能回撤，永远做好这个心理准备，保持低预期，人生会更幸福。

我们看看巴菲特，因为我写过关于他的书，对他比较了解。伯克希尔－哈撒韦前47年的年化收益率为19.7%，总收益率是5868倍。同时期标准普尔指数的复合年收益率只有9.4%，总收益率只有74倍，伯克希尔－哈撒韦的收益率接近它的100倍。年化收益率只相差10%，最后总收益率差异却大得惊人，这就是复利的奇迹。

如图1所示，过去200年，即1801～2001年，其他大类资产没有能跑赢股票的，其中的原因巴菲特解释过，凯恩斯也解释过，即公司会把利润再投资，这种情况下收益率会很高，而债券很难做再投资，票据不能，黄金不能，美元更不能，所以股票的收益率高是很正常的。

2020年投资者最关心的一些问题和解答：

1.如何看待目前国内创新药的格局？

我觉得国内创新药的格局会越来越好。我国有两方面优势：①人口大，市场大；②工程师比较多。因此，我国这个市场也会很快地创新迭代，但目前在我们所投的层面，我国还是落后不

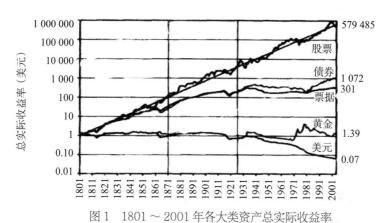

图 1　1801～2001 年各大类资产总实际收益率

资料来源：杰里米·J. 西格尔. 投资者的未来 [M]. 北京：机械工业出版社，2010.

少，就只有细胞治疗层面的技术走在世界前列，其他几个层面的技术国内目前还差得远，所以估计短时间内我们在国内找不到投资标的，可能在美国投资几年之后我们再尝试投资国内的一些公司。在细胞治疗领域国内的一些公司还是不错的。

2. 目前我国的医药发展如何？

慢慢来吧，不能太着急。我国现在就处于快速跟仿的阶段，虽然也开始做一些新的靶点，但要想追上国外的技术还需要时间。我觉得市场驱动迭代会比较快，我国未来也会有很大的药企。我们既投资国内的标的（A 股和 H 股），也投资国外的标的，但目前主要是纳斯达克市场的公司投得多一点。

3. 目前针对乙肝的医药技术成果如何?

乙肝的医药技术会有突破。强生的临床试验二期会在明年3月份结束,我估计半年到一年之内肯定是要披露数据的,我觉得这个数据会很好。

4. 如果想要了解最新的信息,有什么医疗期刊是可以推荐的?

所有医疗期刊都可以看,如《柳叶刀》《新英格兰医学期刊》《自然》等,但你得有目的并带着问题去看,才能想到看的过程中去寻找、去研究哪些东西,所以学习的过程应该是成体系的,并不是突然之间心血来潮地去翻翻就能发现投资机会,你需要一点点地找。某一步有问题产生,你会为了寻找问题的答案去找资料,解决这个问题之后又在资料里发现新的问题,相当于一个化学的链式反应,你的知识体系就是在这样的链式反应中慢慢得到加强。

5. ADC 目前的发展情况如何?

国内 ADC 技术在某些适应证上不错,但都是拷贝过来的,没什么太高的技术含量,简单说,国内 ADC 技术还处在比较初级的阶段。有些靶点是不错的,随便搞个小分子链上去,效果也会不错。ADC 药物在美国已经有很大的市场了,有几家大市值的公司,未来这样的大市值公司会越来越多。ADC 技术是不错的方向,特别在抗癌方面。随着对它的研究越来越深入,现在 ADC 技术是递送小分子，未来还会递送细胞因子，还可以把 RNAi、ASO 都用抗体连接上去，靶向到细胞，所以前景还是比较广阔的。在这方面，第一三共做得比较好，独创了多肽的侧链，连接上爱沙替康的小分子。它的 ADC 平台估计目前是世界上最优秀的平台，解决了很多问题，效果非常惊人。ADC 药物未来还有非常大的空间。

6. 怎么看待 CAR-T 目前的发展情况？

怎么说呢，CAR-T 现在的问题就是进入实体瘤很难，但日本那个论文讲到 CD19-7×19 CAR-T 的方法很好，国内也有公司开展了这方面的实验和临床研究，我很期待这个结果。对于实体瘤，我觉得采用 T 细胞受体（TCR）技术是最有希望的，但是这个技术太专业了，我就不展开讲了。

7. 目前投资的组合和黑石医疗及贝克兄弟的有什么区别？

我更聚焦一点，我就投几大平台。黑石和贝克投得更多、更散，因为它们的资金量太大了。它们有的投得比我早，有的投得比我晚，整个产品线的范围比较广。它们还是比较厉害的，应该是有比较高水平的科学家在它们的团队里。它们的资金量非常大，它们一只股票买 10 亿美元，可能只占它们 1% 的仓位，而我买几千万美元就已经占 1% 的仓位了，我现在也经常买到 1%。

8. 投资公司最核心的一点是什么？

我觉得投资公司最核心的一点是所投公司未来能给你赚钱，否则你就没有投资它的必要，为什么它能给你赚钱？就是因为它的盈利能力会增长很多。

估值便宜是比较核心的一点，买贵了的话收益肯定受影响。具体行业需要具体分析，医药行业跟水电行业完全不一样，我们当时买水电股就比较简单，我搜集数据，然后算出来水电站投产一年利润有多少，我就知道这个公司的市值应该是多少，如果能赚两倍，我就买入。银行、保险、白酒的逻辑都不一样，不能一概而论。

9. 未来糖尿病有没有治愈的可能？

我觉得1型糖尿病未来通过细胞疗法、基因编辑，大概率是可能治好的。但是需要十年左右的时间吧。

10. 投资时会关注到公司创始人吗？

投资医药公司也看公司创始人，但这不是主要因素，主要看临床前的数据、临床数据、技术路线，实打实的东西最重要。创始人也很重要，但我又不认识他们，也接触不到他们，特别是美国的公司创始人，中国的公司创始人也不是轻易能接触到的，不好做出判断。很难根据创始人就能判断公司怎么样，我还没那个能力。

11. 研究一家公司时，基本的框架是什么？

对于医药公司，最重要的是判断药品成功的概率。药品研发依靠技术平台，如果平台技术成熟，你又知道这个技术会应用在哪些药品上，知道那些药品相应的市场规模大概有多大，相对来讲会好判断一点。其实只要医药公司做出好药就肯定有人收购、跟它合作，所以不用考虑其他问题，它只需要判断所做的是不是好药。因为纳斯达克的估值很低，散户少，投医药的基金还不太多，所以整体估值蛮低的，不像国内爆炒医药股，仿制药公司有几百亿元的市值，创新药公司随便做出点什么来也有几百亿元的市值，唉，钱太多了。

12. 如何看待创新药的推广销售？

我刚才说的就是这个意思，只要有好药就不用操心推广和销售的问题，总会有大药企主动找它，帮它做销售的，而且还给它投很多钱。但国内公司要自己销售，me-too⊖是有问题的，比如对于PD-1药物，国内公司肯定要考虑销售能力的问题，但第一家做出PD-1药物的公司就不用操心销售的问题，全世界的市场都是它的。

⊖ 一些疾病治疗的突破性药物在医疗效果方面以及在医药市场上都取得了较大的成功，这些药物通常被称为原型药物。随之出现了大量的 me-too 药物。me-too 药物特指具有自己知识产权的药物，其药效和同类的突破性的药物相当。

13. 技术平台有没有坍塌的可能性？

我投的技术平台有已经成功的，可以说很多公司是100%成功的。做RNAi药物的平台有几个是已有药物上市的公司，研究细胞治疗、ADC的平台也有几种药物已经上市了，怎么会坍塌？有些平台的成功概率是90%，有些成功概率是100%，怎么会坍塌？即使一两个平台坍塌的概率也很低，所以我目前不担心这方面，而且我投资了多个平台，万一坍塌一个也不会造成多大的影响，最多也就是回撤个百分之十几呗。再说了，坍塌之后它们还会改进，只要手里有钱就能东山再起，它还会找新的方向，这种案例不胜枚举。美国生物医药公司一般情况下覆灭不了，只要手里有钱，哪怕买个品种它也能活下去。很少有生物医药公司倒闭的，大多数都是被收购，这是两码事，所以投资额不会归零，基本上也就是腰斩吧，或者再腰斩也有可能，不至于完全坍塌。

14. 目前投资组合可能存在的风险点是什么？

就是市场的风险，比如熔断，这是比较大的风险，但我觉得这种风险都是短期的。投资100%成功的平台风险是比较低的，只是赚多还是赚少的问题。

雪球医药论坛访谈

2021-05-15

主持人：第一个问题是，您看好医药行业的什么方向？这个行业有哪些投资机会？

黄建平：目前我主要是投资医药行业前沿的技术平台，比如RNAi、ADC、PROTAC[一]、DNA编辑、细胞治疗这些技术平台。五年前，这些技术还不够成熟，而现在再看，我们会发现这些平台基本都已成熟。未来5～10年，这些技术相关的技术平台将研制出非常多的药，比如RNAi技术已经有四种药物获得FDA批准上市，还有近百种药物正在临床试验或临床前研究中，而且正在从靶向肝脏向其他器官扩展。

很幸运，我们站在这样一个众多医疗新科技趋向成熟的风口

[一] 小分子蛋白水解靶向嵌合体。这一技术会在"一个有投资前景的技术：PROTAC"一节中详细介绍。

上，未来的发展前景令人期待。过去几年，我们在医药领域的投资收益不错，未来也会在这个领域继续深耕，全球范围内投资包括美国、中国香港地区和中国内地上市的生物医药公司。

医药行业和其他行业很不一样。以网络零售业为例，行业趋于巨头垄断，两三家网络零售龙头基本占领了绝大部分市场。但医药行业不是这样，人体的疾病可以细分为成千上万种，每一种都可以认为是一个单独的细分行业，需求的多元化、分散化导致医药行业的投资是非常分散的，很难出现巨头垄断的现象。即使是在知名的药企之间，业务重叠性也很少。可以说，一个医药行业的需求多元化程度相当于多个传统行业的需求多元化程度。

美国纳斯达克有约1000家生物医药上市公司，中国上市和没有上市的医药公司总计也有上千家。因此，即使我们全部投资在医药行业，这种投资组合也容易做到相对分散，投资标的之间相关性可以比较弱，构建的投资组合可以是相对分散的弱相关性组合。

主持人：怎么看待目前市场上医药行业出现一些估值泡沫的问题？

黄建平：医药行业的估值确实有局部泡沫的问题，但是整体上很难说泡沫有多大。我们投这部分时会相对比较理性，全球特别是国内医药行业确实有一些泡沫，但仍有些许多公司估值合理甚至被严重低估。

国内的医药公司一窝蜂地扎堆做同一靶点的抗体药物，比如PD-1单抗药物，最早的三四家可能市场价值不错，后面跟随的众多公司可能价值不高。很多医药公司上市就被爆炒，透支了未来很多年的价值，加上研发水平同质化，其投资价值较低。

和其他行业的公司一样，医药企业的内在价值也取决于其未来现金流，我们不能简单地判断目前的估值是否有泡沫，有一些公司看起来贵一点，但仍然值得买，因为其研发实力强劲，公司管线厚实，会有源源不断的新药上市，内在价值会随着时间屡创新高。

纳斯达克市场有一个特点，生物医药公司特别多，全世界的医药公司都很容易在那里上市，而且没有一级、二级市场的明显区分，只要有人愿意买它们的股票，它们就可以上市，市值可以小到几千万美元。国内的市场不一样，生物医药公司在上市前已经比较成熟了，在一级市场的估值已经很高了，且在二级市场上供应不足，这就很容易在二级市场造成泡沫，上市就被爆炒，一级市场基金吃肉，二级市场投资者经常连汤都喝不到。

生物医药公司如果管线中没有进入临床阶段或没有临床数据的药品，在美国一般估值会很低，甚至接近零，而国内投资者经常给出很高的估值，也就是说，两个市场投资者的成熟度不同。国内有国内的问题，国外有国外的问题，我们不能说哪边的市场更好，但要区别对待，还是要分公司独立来看。有些确实有泡沫，有些确实很便宜。

主持人：您提到创新药这几年发展非常快，研发扎堆现象非常严重，竞争非常激烈。请您深入分析一下。

黄建平：作为中国人我很自豪，无论什么产品，只要我们掌握了研发和生产技术，就可以将其大量生产，我们的制造能力肯定没得说。

比如前一段时间，美国政府说支持美国药企放弃新冠肺炎疫苗的专利，我当天写了一篇文章，主要说明了美国药企放弃专利，短期对疫情控制意义不大，因为mRNA疫苗的生产工艺技术非常复杂，门槛很高，大部分国家短期做不出来。几天之后有个新闻报道，印度说他们生产不出mRNA疫苗，然后网友们评论，"黄建平早就说过"。

在药政改革的春风中，很多站在世界医药前沿领域的华人科学家纷纷回国创业，把技术带回国。比如，有家国内药企的创始人在莫德纳公司（Moderna）做过科学家，其研发的mRNA疫苗已经在三期临床试验中。

中国拥有巨大的国内市场，单个产品可以获得巨大收益，人才多，竞争激烈，产品创新迭代也快，只要掌握了技术，我们就可以获得高产，比如PD-1单抗和几个类似热门生物药等已经过剩,这也是一个好现象。过剩是发展的基础条件,过剩说明资本投入饱和,投入饱和有利于创新,技术升级会淘汰一部分技术,以更高的水平发展。但是对于投资而言,投资者要避开技术落后、产能过剩的企业。

总的来说,过剩是正常状态,但是投资者要去识别产能过剩的企业,做投资要避开技术落后、管线落后、研发效率低下的生物医药企业。

主持人:医药行业有很多名词术语,对投资者的专业性要求很高,医药行业的研究比很多行业研究的门槛更高。请您谈谈如何研究医药行业。

黄建平:医药行业的研究方法,简单来说,就是深挖,一个点一个点地深挖,然后把点连成线,把线连成面,把面连成立体的知识网络,日积月累地学习、思考,在大脑中建造各种神经突触。

现在是个好时代,各种知识都很容易通过网络获取,各种专利、论文在网络上都可以找到,生物医药公司的信息也很透明,这些公司会详细披露临床前的数据,包括细胞实验、老鼠体内试验、猴子体内试验的临床前数据等,也会详细披露人体试验数据,还会请医生、行业专家和投资者通过电话会议、视频会议交流,投资者能够全面地了解产品和技术原理。

我中午和投资人吃饭时提及一个观点,如果一个人的智商极高,甚至在整个国家排名靠前,那么这个人适合学两个学科:数学和物理学。如果一个人这方面的素养和智商没有达到一定程度,那么在这两个领域很难有所建树。我大学参加数学竞赛,没有参加之前我还认为自己很厉害,参加完之后我觉得数学以后不会是我的职业,因为见了世面才知道什么是真正的高手。物理学也一样,如果没有高深的数学基础就很难深入。

而研究医药不需要那么高的智商,不需要数学、物理水平很高,只需要足够的生物、化学知识,智商高肯定更好,但普通智商就足够了。生物学、医学的核心在于知识点非常多与杂,但是没有多少难以理解的理论和逻辑,你需要像训练人工智能一样,每天输入信息进行训练,将这些知识点连成网络。生物医学像一座非常复杂的迷宫,需要一点点学习,建造大脑里面的模型,日积月累,整体的知识结构才能越来越清晰,智商再高,没有长期的积累也不行。

现在进行现场提问环节。

观众:我想提两个问题。

第一,国内医药公司和国外医药公司在制药方面的交流合作非常多,但是国内医药研发投入较少,像恒瑞医药一年可能有30亿元以上的研发投入,但是国外这样的公司在医药研发上的投入非常高,可能仅仅一种药10年就投入10亿美元。请问和国外相比,国内医药研发的竞争力如何?

第二,关于CAR-T方面。第一个被CAR-T治愈的白血病小女孩前两天正好满13岁。目前对于CAR-T并没有很成熟的运用,而且该疗法成本非常高,如果想要大范围在血液病方面使用,推动因素会有哪些呢?

黄建平:国内的医药研发是不缺钱的,投资这个领域的资金非常多,新创企业也不缺钱,实际上缺的是基础研究水平。我们的基础研究水平虽然比印度好,但是和欧美还有很大差距。我们在一窝蜂地做抗体药物时,国外已经在研究蛋白降解、RNAi以及基因编辑疗法了,国内医药产业链相对落后一些。

但不要着急,这需要一个过程,需要时间积累,中国30年前产的东西都不怎么样,但如今各行各业的"中国制造"商品畅销全球。

国内医药产业现在热火朝天,发展速度非常快,科学家们纷纷回国创业,产业链投融资活跃,我们需要时间积累和进步。

虽然自体CAR-T疗法有自身的局限性,但我还是比较乐观的。

同种异体CAR-T(也称"通用CART")的细胞做一些修改再输到病人身上,这种疗法的问题是很明显的,已经有临床数据表明通用CART细胞会被自身免疫细胞杀掉,在人体的存续时间较短,效果持续性没有自体CART好。

通用CART把TCR敲掉后,通用CART细胞就不会攻击人体正常细胞,就不会出现移植物抗宿主病,但MHC1类分子存在,通用CART会被人体T细胞杀死,如果敲除MHC1类分子这个身份证,自然杀伤(NK)细胞这种免疫细胞也会把通用CART细胞杀死,目前还没有比自体CAR-T效果更好的通用CART,但未来这些难题可能会被攻克。

T细胞是人体的主要免疫细胞之一,T细胞中有记忆型,比如效应T细胞、辅助T细胞都有记忆型。我们打一针疫苗,效果可以维持几年,而不是传说的几个月,这是因为即使血液中检测不到抗体,人体内仍然有记忆型T细胞和记忆B细胞,它们可以存续多年,这是自体CART效果可以持续多年的主要原因。

CAR-T疗法的副作用现在已经改善了许多,就是治疗不方便,只有大医院才有能力治疗。生产上也很麻烦,需要把血细胞抽出来运送到专门的有"良好生产规范"(GMP)的工厂,经过分离、转基因、扩增,再回输给病人,回输之前还要给病人化疗,清除淋巴细胞,CAR-T疗法的流程长,工艺复杂,成本很高。但是中国药企只要会做,就能把价格做下去,可能你没有关心这个领域,有上百家医药公司正在做CAR-T疗法研发,目前中国做CAR-T疗法研发的公司比美国还多。

投资案例与行业分析篇

|医药行业|

医药行业的竞争特性

2016-07-04

医药行业和其他行业在竞争特性上的差异非常大，竞争特性往往取决于需求特性。

以可乐饮料行业为例，因为客户的需求特性比较单一，主要就是口味，而且各可乐品牌之间并没有本质的口味差异，因此核心就是品牌认知度之间的竞争。单一的需求特性导致行业集中度急剧提高，品牌强大的公司越来越大，最后形成行业寡头，于是可乐饮料行业就剩下双寡头——可口可乐和百事可乐。

高端白酒也是同样的道理，其客户的需求特性也比较单一，就是品牌知名度和口味，品牌知名度满足心理需求，口味满足舌尖的需求。最后这种单一的需求也形成了行业双寡头——茅台和五粮液，其他公司难以进入。

零售、品牌消费、媒体、通信等行业都是需求特性比较单一的行业，竞争的最终结果往往是寡头垄断，其他公司会被排除在外。竞争过程中往往会出现马太效应，即大的更强大，小的更弱小，以至最后消失。竞争者互相碾压，竞争过程惨烈，一将功成万骨枯。

而医药行业则很不同，医药服务于人类健康，而健康的需求有多样化和无止境的特点。人体是个非常复杂的系统，器官繁多。疾病种类数以万计，且不断出现新的种类。肿瘤、艾滋病等仍然无法完全治愈，所以人们对药物和治疗方法的需求非常多样化，而且是无止境的。

在这种情况下，少量医药公司无法满足这么多需求，所以医药行业难以形成全行业的寡头。没有三国鼎立，只有诸侯割据。医药行业的竞争也不是碾压式竞争，而是城堡式竞争，即各公司分别在自己的细分领域积累研发、销售等优势，建立城堡。当然，细分领域的竞争也会存在大吃小的情形，细分领域最终也会出现寡头垄断。

从欧美日医药企业可以看出这个特性，医药研发、生产巨头林立，不是几家巨头，而是数十家巨头。然而，即使存在这么多巨头，仍然难以满足人类无止境且多样化的健康需求，所以它们之间的竞争不是短兵相接，而是不断投入，不断收获的过程，就像建城堡。

说到需求多样化，餐饮业（尤其是中餐）是个需求多样化的行业。中餐有不同的口味、不同的菜系、不同的价位，所以也难以出现寡头垄断。但是和医药业相比，餐饮业的进入门槛较低，所以中餐的竞争远比医药行业激烈。

医药公司一旦建立起研发和销售方面的优势，这些优势可以逐步强化而难以被颠覆，因为一方面，药品研发是个高科技行业，受到专利保护进入门槛高；另一方面，技术积累是个垒金字塔的过程，不是有资本就能一蹴而就。

医药行业也有弱点，例如，重磅药可能被更有疗效的药品取代，或者专利到期后仿制药大量上市，原研药不得不主动降价。所以药品研发比较像建高速公路，收费权只有 10～20 年。为了应对这种弱点，医药公司需要不断研发新药，即建立多条高速公路同时运行，并不断建新的高速公路，在老的高速公路停止收费前，新公路已经开始收费了，只有如此才能保证营业收入和利润不断提高。

医药行业投资研究方法浅谈

2017-01-09

医药行业是比较复杂的，我最近 2 年主要聚焦在药物研发及生产行业。那么我在医药领域是如何研究和投资的呢？

1. 梳理产品线。产品线包括已有产品线和在研产品线，已有产品线梳理起来相对容易些，比如看竞争状态、市场份额、潜在竞品等。在研产品线的梳理需要花费大量精力整理注册数据库，把多家公司的产品注册信息重新整理，制作成详细的表格，这件事我大约做了 1 年，所以我基本上对国内主要医药公司的产品线、竞争格局和研发实力都有所了解。医药知识很复杂，有些在研产品需要分析专利，涉及较多医学知识，所以在研究前需要先补一些生物学知识。研究是没有止境的，只能不断学习。

2. 建立工作平台。找到如国家食品药品监督管理总局[⊖]（CFDA）注册数据库、专利数据库、美国食品及药品管理局（FDA）药品数据库、临床数据库、靶点数据库等各种入口和查询方式。同时和行业内人员密切交流，包括医生、医药研发人员、业务拓展人员、销售、行业研究员等。

投资方向方面，我比较关注研发能力和销售能力都强的公司，重点是管线比较宽厚、舍得投入研发的公司。对于这样的公司，我的策略是长期持有，从概率上取胜，不搏单品。

整体看医药股，我个人认为，未来5年，医药行业的空间很大。

自2015年7月22日开始的一系列政策，最终会培育出研发实力更强的大型医药公司。虽然目前世界50强医药公司里没有中国公司，但是未来大概率会有，而且不止一家。国家药品监督管理局进行的一系列的监管改革，其中重要的一项是仿制药须通过一致性评价，即要求2007年之前上市的仿制药须在2018年前完成一致性评价，其他已上市仿制药在第一家通过一致性评价后3年内必须通过一致性评价，到期未完成者注销上市批文，同时在医保招标上给通过一致性评价的仿制药优先政策。

⊖ 2018年3月，根据《国务院机构改革方案》，组建国家监督管理总局，不再保留国家食品药品监督管理总局。

药物一致性评价是一项影响深远的政策。当一致性评价完成后，我国的医药行业会出现如下几个方面的改变。

1. 国产仿制药有望大幅占领原研药的市场份额。

   过去20年，仿制药的上市流程比较宽松，国产仿制药的质量参差不齐，而且仿制药整体治疗效果要劣于原研药，因此呈现出一些比较独特的市场状况。在欧美日等国家，一旦原研药专利过期后，仿制药上市会迅速冲击原研药的市场份额，因为仿制药和原研药效果一致，但价格更便宜，医生和患者自然会优先选择使用仿制药。

   然而在中国，即使原研药专利过期多年，众多仿制药的市场份额还是少得可怜。以降血脂药物瑞舒伐他汀钙片为例，国产仿制药于2008年上市，至今已经有6家药厂生产该种仿制药，但是2015年原研药仍然占有80%以上的市场份额，这种现象并不是个例。究其原因，固然有销售能力差别的因素，但最重要的原因是国产仿制药的质量和原研药有差距，或患者担心有差距，即使价格低很多，医生和患者仍然优先选择原研药。

   在仿制药一致性评价完成后，这个现象有望得到根本转变，到时仿制药的质量和原研药的质量一致，国产仿制药的价格更便宜,其市场份额有望大幅提升。

2. 制药行业集中度提升。

正因为仿制药上市的要求和成本不高,使得其市场鱼龙混杂,大量质量不佳的仿制药上市,所以质量好的仿制药体现不出市场价值,只能低价竞争。本来就不大的国产仿制药市场被众多药厂分食,一些药品甚至有上百家药企的生产批文。

仿制药一致性评价完成后,这种状况也会得到改变,因为仿制药一致性评价引发了一场研发实力和财力的比拼。许多医药企业没有通过一致性评价的研发实力,另外,据估计单个仿制药的一致性评价大约需要花费500万元以上,2007年前上市的品种现在只剩下2年时间来完成一致性评价,时间非常紧迫,行业内各大药企投入巨大资源,开始赛跑,大量研发实力和财力欠缺的小企业将会被淘汰,行业集中度将会提升,数十家药厂分食一个品种的状况将会改变,胜出的企业将享受国产仿制药市场份额提升和行业集中度提高的双重红利。

3. 国际化进程加快。

过去仿制药整体质量水平不高,仿制药自然难以走出国门,虽然有一些药企提早布局国际化,也取得了不小的成绩，但这样的药企毕竟是少数，而仿制药一致性评价将加快国内药企走出国门去竞争。

一方面，一致性评价政策鼓励国际化，"在中国境内用同一条生产线生产上市，且在欧盟、美国、日本获准上市的药品，经一致性评价办公室审核批准视同通过一致性评价"，这个政策给了已在欧美日上市的仿制药一个快速通道，将会鼓励更多药企同时进行国际化申报。

另一方面，当国内药企有能力将仿制药做到质量和原研药一致的时候，进入国际市场竞争的门槛也就大幅降低，欧美日市场将会出现更多中国药企的身影。

目前对国内药企来说是关键时期，集中研发资源和财力资源、全力冲刺一致性评价是优先选择。另外，最近一年来临床申报集中评审，许多企业同时拿到临床批件，研发能力和财力再一次成为关键因素。摆在国内药企面前的就3个字：夯、砸、抢。夯实研发能力，砸钱做一致性评价和新临床批件的生物等效性试验，抢先通过一致性评价并抢首仿⊖上市。闯过这三个难关，前途将是非常光明的。

⊖ 国内首仿药主要是指"国内首先仿制生产并上市销售的仿制类药品"。

记录一个投资案例：中国生物制药

2018-04-09

2016年初，港股上市公司中国生物制药发布公告，准备与银行坏账处理公司中国信达资产管理股份有限公司合作。这一动作被市场认为是不专注于主业的行为，一天之内中国生物制药的股价下跌了20%。这件事让我开始关注该公司，后来公司发布公告称将取消合作计划。

该上市公司的名字很容易被市场投资者认为是香港老千股，因为过去多年，香港许多民营老千股喜欢在公司名字中加入"中国"二字。由于这类公司爆雷的很多，所以投资者对带有中国二字的民营企业非常警惕。

看完该公司子公司的股权结构后，首先排除了这是一个老千股的可能性，因为占公司60%股权的子公司正大天晴药业集团股份有限公司（简称正大天晴）是江苏连云港知名的制药企业，其第二大股东为国企江苏省农垦集团有限公司。另外，中国生物制药的大股东为正大集团，正大集团属于国内知名的企业集团，造假的概率很低。

于是我买来药品申请注册数据库，梳理其全部上市产品和在研产品线，经过数个月的分析研究发现，该公司旗下子公司正大天晴和北京泰德制药股份有限公司都是非常优秀的制药公司。

横向和其他国内药企的产品管线进行统计对比的结果表明，正大天晴的仿制药研发能力非常强，特别是抢首仿的能力在中国排名第一，销售能力大约排名前五，缺点是乙肝治疗药物恩替卡韦的销售额占比过大，而恩替卡韦专利已到期，随着仿制药一致性评价的推行，别的仿制药也会大量上市，价格有可能大幅下降。市场此时担心恩替卡韦的销售额大幅下降，导致公司的营收增速下降。

研究期间我还去公司进行了实地调研，和公司管理层做了交流，并参观了该公司的制药车间。公司整体给我的感觉不错。

正大天晴5年前开始转型做创新药，其中新药安罗替尼的二期临床结果非常不错，上市的概率很高。安罗替尼属于卡博替尼和乐伐替尼的衍生类似物，分子结构上非常类似，靶向的靶点也很类似，属于抗血管多靶点抑制剂，可能在多个适应证上取得成功，特别是在治疗肺癌上一旦成功，安罗替尼有望成为年销售额达数十亿元的重磅产品。

另外,其在新药研发上也在大量扩展管线,公司提出了从仿制到创新药的战略,多个生物类似药也在临床开发中,几年后有望陆续推出新药和生物药上市。公司现金储备充足,现金流量好,有实力持续投入研发,不断扩大产品管线。

2016年上半年,公司市值不足400亿港元,市盈率不足20倍,研发开支占到营业收入的10%,研发开支全部费用化,年研发投入在中国数一数二。

当时经综合评估,我认为该公司短期可能销售增速放缓,但是长期盈利能力会大幅增加,特别是安罗替尼和很多首仿药上市后,盈利能力会翻倍,大概估计,5年的预期投资收益率可能会达到100%。所以,我计划持有5年以上,初始买入成本约5港元。

功夫不负有心人。随着安罗替尼的上市报产、首仿药的逐步报产、新药及生物药大量进入临床以及2017年新医保目录的推出,公司的前景被市场快速认同,股价在短短1年半左右上涨了200%。

2018年初,因为有性价比更好的医药公司投资机会,加上市场对该公司前景过于乐观,导致价格有短期泡沫,出于机会成本的考虑,我忍痛割爱,进行了调仓,于2018年第一季度全部卖出。

　　写此文时，我已经不再持有该公司的股票。

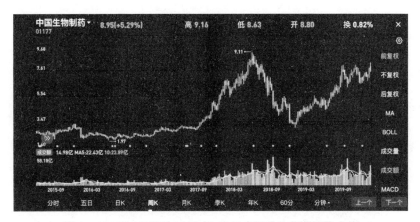

　　图2　2015年9月至2019年12月中国生物制药股价走势

注：中国生物制药买入时间为2016年上半年，卖出时间为2018年3月。

RNAi 药物的投资前景分析

2019-02-27

我了解 RNAi 的机理是因为 RNAi 技术获得了 2006 年诺贝尔生理学或医学奖，该技术的原理是一小段形状类似发夹、单链长度约 20 个核苷酸的 RNA，和细胞内的一种蛋白结合形成复合体后，可以降解细胞内的 mRNA，进而阻止下游蛋白的生成。

于是基于该技术的公司纷纷成立。这些公司经过了十多年跌宕起伏的失败和创新，终于在肝脏上找到了靶向方法，实现了该技术药物的成功上市，并开拓了广阔的空间，成为具有颠覆性意义的医药技术平台。

阿里拉姆制药公司（Alnylam Pharmaceuticals, Inc.）的首个 RNAi 疗法药物 Patisiran 已被 FDA 批准上市，其管线里的另一个药物（代码是 INCLISIRAN）很有意思，这个药物已经做完一期临床试验，只需半年注射一针，就可以大幅降低胆固醇，如果成功，对 PCSK9① 单克隆抗体的威胁会很大。

RNAi 技术具有巨大的医学价值，因为有不少的疾病是由于基因突变导致对应的蛋白质出了问题。

比如，编码甲状腺素运载蛋白的基因发生突变，就会导致淀粉样蛋白质在人体内异常积累，对器官和组织造成损伤，这个疾病叫 hATTR 淀粉样变性，是一种遗传病，会导致患者的寿命很短。最近 FDA 批准的 Patisiran 就是治疗这个病的，Patisiran 把 RNAi "发夹"包裹在 LNP 里，送到肝脏细胞里，降解肝细胞中的 mRNA，从而减少体内异常甲状腺素运载蛋白的积累。②

再比如，PCSK9 是一种会造成低密度胆固醇升高的蛋白质，利用 RNAi 药物，使得编码 PCSK9 的 mRNA 无法表达生成该蛋白质，那么低密度胆固醇就会降低，从而降低心血管风险。

在非肿瘤领域，许多疾病的产生是因为蛋白质表达出了问题——要么表达多了，要么表达得太少，要么表达错了。以往的方法要么是用小分子药物阻止蛋白质发挥作用，要么是用抗体阻断蛋白质的作用位点，现在有了新方法：RNA 干扰或者基因疗法。

---

① 前蛋白转化酶枯草杆菌蛋白酶/kexin9 型。
② 根据 FDA 药品数据库中 Patisiran 的药品说明书。

基因疗法的局限性目前还比较大。体内基因编辑刚刚起步，还不成熟；通过病毒进入人体来表达蛋白质是目前通用的做法，但仍然局限于少数遗传疾病或先天基因缺陷疾病。

RNAi药物具有很大的潜力，目前已经有数十种药物在开发中，相对于小分子药物和抗体药物，其优势有：

1. 半衰期长，用药方便。小分子药物一般每天服用，抗体一般一个月注射1～2次，而RNAi药物一般用药周期是一个月以上，而且不需要静脉注射，只需皮下注射，比如正在开发降血脂的PCSK9 RNAi药物，只需半年皮下注射一次。

2. 效果突出，疗效更佳。以前一个小分子抑制一个蛋白，而RNAi药物则可以一次性抑制多个蛋白，比如正在开发的乙肝病毒RNAi药物，可以抑制乙肝病毒全部的蛋白表达，效果更持久和彻底。另外，RNAi药物从上游直接阻止蛋白质的生成，切断了来源，这可能比在后面拦截蛋白质发挥作用（补漏洞）的效果更好。

3. 技术门槛高，难以开发和仿制。RNAi的递送系统科技含量比较高，目前只有欧美少数公司具备开发能力，而且专利过期后，仿制的难度也很大。

4. 可治疗的疾病非常广泛。目前在研的疾病领域包括：先天基因缺陷疾病和靶点——血友病、ATTR[一]、血红蛋白尿症等，高血脂靶点——PCSK9、ANGPTL3[二]等，以及肝纤维化，肾病，高血压，乙肝等。[三]

2020 年 11 月 6 日补充[四]：

RNAi 成分是化学修饰的双链 RNAi 片段，而 ASO 药物是寡核苷酸药物，成分是化学修饰的单链 RNA 或 DNA 片段，目前两者靶向肝脏细胞都连接 N 乙酰葡糖胺配体。

ASO 相对 RNAi 的优缺点如下：

- ASO 技术的缺点是半衰期短，ASO 技术直接结合 mRNA，抑制 mRNA 表达或抑制外显子表达，而 RNAi 是形成复合体在细胞内循环降解 RNA。前者半衰期在 2～4 周，后者约 3～6 个月。所以 ASO 在肝病上是为 RNAi 做嫁衣，乙肝药物除外，因为乙肝药物的目的是治愈，治疗时间有限。

[一] 家族性甲状腺素运载蛋白淀粉样变性。
[二] 血管生成素样蛋白 3。
[三] RNAi 技术生物医药公司阿里拉姆制药公司\箭头制药公司\Dicerna 制药公司等公司官网披露的临床数据。
[四] 根据 ASO 技术公司 Ionis 公司官网披露的临床数据。

- 优点是不连接配体，ASO 也可以进入细胞，所以 ASO 可以直接注射入脑脊液中发挥作用，在治疗亨廷顿舞蹈病、Tau 蛋白㊀相关老年痴呆等脑科疾病方面有优势。但是这种注射方式比较麻烦，也分不清是否产生了突变基因，可能脑科疾病未来采用小分子蛋白降解的疗法效果会更好。

㊀ Tau 蛋白是神经纤维缠结的主要组分，也是阿尔茨海默症（AD）等一系列神经退行性疾病的标记物。

mRNA 疫苗制造工艺

2021-05-06

美国宣布支持放弃 mRNA 疫苗专利权，这对疫情控制虽然有利，但短期作用有限，原因是专利问题并非关键问题，反正 LNP 都是抄来抄去，在可离子化脂质上小改动，图 3 中 a) 是第一个上市的 LNP 可离子化脂质，b) 是辉瑞疫苗用的可离子化脂质，c) 是 Moderna 疫苗的可离子化脂质。

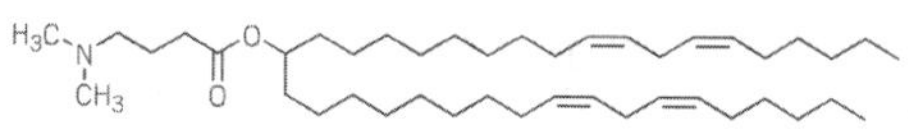

MC3

a) LNP 可离子化脂质

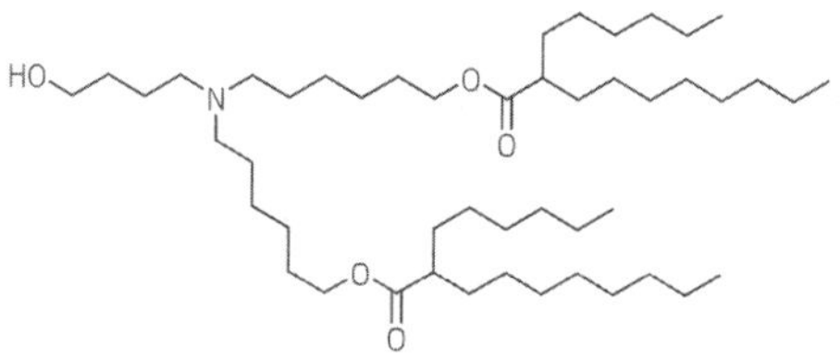

ALC-0315

b) 辉瑞疫苗用的可离子化脂质

图 3

SM-102

c) Moderna 疫苗的可离子化脂质

图 3（续）

mRNA 疫苗制造工艺才是最难的，工艺简述如下：

1. 先把携带 S 蛋白的 DNA 做成质粒，转入大肠杆菌中。

2. 培养繁殖大肠杆菌，然后从大肠杆菌中收获质粒。

3. 把质粒切开，只留下 S 蛋白的 DNA，然后将该 DNA 转录成前 mRNA。

4. 将前 mRNA 加上 5' 帽子和尾巴形成 mRNA。

5. Moderna 的 mRNA 还需要把尿苷替换成假尿苷，以降低免疫原性。

6. 合成四种脂质：可离子化脂质、peg 脂质、DSPC 脂质、胆固醇，每一种都需要化学合成。

7. 这一步极难，将 4 种脂质溶解在乙醇中，将 mRNA 溶解在酸性溶液中，然后将两种溶液通过特殊设备，采用双流控技术进行混合，形成 50～100 纳米⊖的粒子，约为头发丝直径的 1/1000。

⊖ 1 纳米 =1×10^{-9} 米。

简单说，掌握前4种技术的实力基本上可以生产胰岛素。然而，这个工艺流程全部完成需要一套完整的制药工业体系，包括各种原料提供商、各种医药研发外包（CRO）公司、医药合同定制研发生产（CDMO）公司，除了欧美日，没有几个国家短期可以做到。

当然，我国目前可以，六年前药监局的药政改革制止了各药企"躺着"赚低技术含量仿制药的钱，激发了医药创新产业的快速发展，科学家纷纷回国创业，市场投资活跃，各方面进步飞快。国内已经有两家公司研发的mRNA新冠肺炎疫苗在临床试验中，值得期待。

mRNA疫苗开启了疫苗快速研发上市的新时代，我认为该技术是目前研发疫苗的最优路径，可在细胞内产生抗原蛋白，激发效应T细胞免疫，效果突出，副作用小，正在成为疫苗的主流技术。

关于乙肝药物的投资前景分析

2019-08-24

乙肝病毒（HBV）之所以难治愈，除了HBV能将自身DNA整合到人体肝细胞基因组中以外，它还有个特殊的技能（类似电子对抗系统），它生成大量乙肝表面抗原（HBsAg），形成比HBV病毒更小的颗粒（数量通常比病毒数量多上万倍）来干扰免疫系统，削弱免疫系统对病毒的反应，使得免疫系统无法清除受感染的细胞。HBsAg颗粒就像电子对抗系统释放大量起干扰作用的电波，使免疫系统失去攻击目标。

所以抑制HBsAg才是功能性治愈乙肝的关键。罗氏集团曾经发过一篇论文，披露了表面抗原抑制剂RG7834的临床前数据，效果很不错，但是并没有进入临床，罗氏集团的官网管线上也没有该药的信息，反而罗氏集团在做反义寡核苷酸，说明罗氏集团自己也认为RNAi疗法更有希望治愈乙肝。

国内有些药厂在开发乙肝表面抗原抑制剂，从专利来看，这些抑制剂其实是在罗氏集团 RG7834 的基础上做结构修饰。由于 HBsAg 由三种蛋白颗粒组成，全面抑制的难度很大，小分子抑制剂要克服很多困难。而且就算是上市了，相对于 RNAi 药物来说进度也慢了几年，在效果和副作用上更没有优势。

目前看，最有可能功能性治愈乙肝的药物组合是：RNAi 药物 + 核苷类似物（如恩替卡韦、替诺福韦、TAF[⊖]等）+ 其他药物（如干扰素、TLR7 激动剂等）。有这样几个原因：

1. 核苷类似物（如恩替卡韦、替诺福韦）作用于 HBV-DNA 多聚酶，阻止 HBV-RNA 逆转录出 DNA，使 HBV-DNA 合成中断，长期服用可以有效抑制病毒复制，但是表面抗原仍然难以转阴。

2. 干扰素可激发免疫系统对抗病毒，但是副作用太大，有效率也不高。

3. 目前在研的核衣壳蛋白抑制剂希望不大，因为 RNA 会大量持续地生产核衣壳蛋白，这种割韭菜的方式效率太低，韭菜长得太快，割不完。

4. 目前在临床中有肝细胞表面 HBV 结合受体抑制剂，可

[⊖] 富马酸丙酚替诺福韦。

以减弱 HBV 对新细胞的感染和入侵，但是不解决根本问题，已经感染的肝细胞还在持续复制病毒，另外还可能耐药。

5. TLR7 激动剂据说可以激发免疫系统对抗病毒入侵，但是还没有好的临床数据出现。

6. RNAi 药物可以同时抑制 2 种或者更多种 HBV 蛋白的生成，打蛇打七寸。箭头制药公司的 RNAi 药物同时抑制表面抗原蛋白和 X 基因对应的蛋白生成，抑制 cccDNA 和基因组整合 DNA 的表达，让病毒缺少关键零部件，以致无法组装出新病毒颗粒，因而可持续降低表面抗原。

目前箭头公司 RNAi 药物一、二期临床总共只注射了 3 次，如果持续注射 1 年以上，表面抗原持续处于低位，同时联合恩替卡韦来抑制 DNA 的合成，可能会进一步压制细胞质中 HBV 的生成。在免疫系统的帮助下，这样的组合有望实现表面抗原的转阴，即功能性治愈。

长期持续性的功能性治愈，如果时间超过共价闭合环状 DNA（cccDNA）和基因组整合 DNA 的半衰期，cccDNA 和基因组整合 DNA 可能会耗竭，最终实现真正意义上的治愈。

我于 2021 年 1 月 27 日发表的最新观点：

Vir生物技术公司的HBV抗体效果很好，一针较小的剂量就能让表面抗原浓度下降95%，若和RNAi联合使用，效果应该更好。这种抗体可能会大幅缩短用药时间，以前预计需要一年时间RNAi治疗才能大比例功能性治愈，抗体和RNAi联合治疗有可能几个月就能实现功能性治愈，是乙肝携带者的福音。

关于糖尿病药物的投资前景分析

2019-08-22

翻看了几种降糖药的临床数据后,决定将一些想法记录下来:

1. 盐酸二甲双胍片是一种基础的降糖药,效果明显,价格低廉,口服方便,有"新一代神药"之称。糖化血红蛋白(HbA1c)是糖尿病很重要的指标,这个指标大于7%是糖尿病的确诊标准之一。用药后(24周,下同)HbA1c大约降低1%,这个效果是非常强劲的,但是许多糖尿病患者仅依靠盐酸二甲双胍难以使得血糖达标。⊖

2. 中长效胰岛素(如人胰岛素、甘精胰岛素、地特胰岛素、德谷胰岛素)的效果与盐酸二甲双胍片差不多,注射次数有差异

⊖ 根据 FDA 药品数据库中二甲双胍的药品说明书。

(半衰期不同)，能使 HbA1c 降低大约 0.5%～1%，但是胰岛素容易导致低血糖，也没有降低体重的效果。另外，诺和诺德一周注射一次的长效胰岛素也在临床试验中，成功的概率很高，因为技术路线比较稳定，这也是一款革命性的产品。[一]

3. DPP-4 抑制剂（列汀类）是比较新的口服降糖药，口服比较方便，西格列汀能使 HbA1c 降低大约 0.5%～0.7%。[二]

4. SGLT2 抑制剂（列净类）是最新机理的口服降糖药，除了降低血糖的功效外，还有减肥的效果，临床试验还证明恩格列净有使心血管获益的效果，这是首个被证明有使心血管获益的降糖药，恩格列净能使 HbA1c 降低大约 0.7%～0.8%，减重大约 2～3 公斤。列净类有部分替代胰岛素的潜力。[三]

5. GLP-1 受体激动剂，如利拉鲁肽为一天注射一次，降糖效果和长效胰岛素基本相当，甚至略好，能使 HbA1c 降低大约 0.8%～1.2%，还能减肥，而且也被临床试验证明能使心血管获益，相对于胰岛素来说低血糖的风险也大幅降低，已经被 FDA 批准为降糖药和减肥药。所以综合来看，在 2 型糖尿病上，利拉

[一] 根据 FDA 药品数据库中甘精胰岛素、地特胰岛素、德谷胰岛素的药品说明书。
[二] 根据 FDA 药品数据库中西格列汀的药品说明书。
[三] 根据 FDA 药品数据库中恩格列净的药品说明书。

鲁肽可以部分取代胰岛素的地位，缺点就是价格比较贵。㊀

6. 诺和诺德又研发了利拉鲁肽的长效注射剂——将利拉鲁肽 PEG 改为索马鲁肽，只需一周注射一次，效果和利拉鲁肽相当，在临床试验上显示比西格列汀、甘精胰岛素、度拉鲁肽、艾塞那肽、安慰剂更优，正在等 FDA 批准上市，这将是未来的明星。㊁

7. 另外，诺和诺德又进一步把索马鲁肽开发为每天一次的口服制剂，临床试验已经证明其效果和一周注射一次的索马鲁肽相当，目前正在做 10 项三期临床试验，如果试验成功并上市，前景广阔。

今日信达生物宣布从美国礼来公司（简称礼来）引进 OMX3 药物，这个药正在美国做一期临床，胃泌酸调节素（OMX）可以同时激动胰高血糖素样肽 -1（GLP-1）和胰高血糖素（GCG）受体，专利上说降糖和减肥效果可能优于 GLP-1 药物。

礼来的专利显示，这是在 OMX 多肽上做了氨基酸突变，并连上 PEG，使之长效化，因而可以每周注射一次。

而诺和诺德也有这个靶点药物，该药物正在一期临床，但是实现的思路不一样，不是修饰 OMX，而是把 GLP-1 类似物和

㊀ 根据 FDA 药品数据库中利拉鲁肽的药品说明书。
㊁ 诺和诺德公司网站披露的临床数据。

GCG 类似物整合成一个分子,加上延长半衰期的含 PEG 侧链。

诺和诺德总部位于北欧小国丹麦。丹麦的国土面积还不到江苏省一半,人口不足江苏省十分之一,但是诞生了一批世界顶级高科技企业,令人佩服。

虽然礼来刚披露 GIP、GLP-1 双激动剂的效果不错,但别忘了,诺和诺德还有一个 GIP、GCGR、GLP-1 三激动剂在临床中。正所谓螳螂捕蝉,黄雀在后。更令人惊讶的是,诺和诺德的口服索玛鲁肽刚提交新药申请(NDA),还没有上市,下一代口服 GLP-1 药物就已经进入了临床。

另外,诺和诺德的每周注射一次长效胰岛素已经在进行 2 期临床了,并且正在和每周一次的索玛鲁肽联合做一期临床试验。这真是糖尿病人的福音,一天一针胰岛素变为一周一针。另外,诺和诺德还有几个其他靶点的降糖药、减肥药也在临床中。

GLP-1 系列的降糖药物潜力巨大,降糖、减肥、降低心血管疾病、降低脂肪肝都是市场广阔的适应证。

估计未来几十年,在糖尿病领域,诺和诺德和礼来将是最大玩家,毕竟其他选手的差距太大。

糖尿病药物的发现和临床开发成本非常之高。除了降低血糖,药物还要有降低体重、减少心血管疾病的效果。临床试验动辄入组万人以上,小公司技术和资金实力都不够,所以大部分小公司只能跟随成熟的靶点，而开发新靶点的重任就落在诺和诺德和礼来这样的巨头身上，偶尔有分化簇3（CD3）单克隆抗体这样的"边角料"被小公司碰到。

反观抗癌药，小公司是这方面的主要创新力量，该市场百花齐放。癌症的种类繁多，机理也众多，开发难度和成本也远小于糖尿病。

未来1型糖尿病有希望被治愈。包括诺和诺德，有数家公司在临床前研发胰岛细胞移植，即干细胞技术结合基因编辑，各公司技术水平正在快速进步。

一个有投资前景的技术：PROTAC

2020-05-05

  蛋白水解靶向嵌合体（PROTAC）技术简单来说，就是利用细胞里的垃圾分类处理系统来降解一些蛋白。PROTAC药物一端连接E3连接酶，一端连接拟降解的蛋白，当三者形成复合体，该蛋白就会被一种叫泛素的分子标记，然后细胞内的降解酶就会降解该蛋白，达到治病的目的。

  该技术经过10多年的发展，已逐渐成熟，目前欧美几大药企都在研发此类药物，而且有些已经进入临床试验，如果成功，那将是医药领域革命性的变化。其革命性体现在：

1. 目前的小分子化学药物的原理主要是"堵锁孔"，细胞内信号通路的原理好比钥匙开锁的过程，钥匙插进锁里，信号就联通。小分子化学药的主要策略就是做一把假钥匙，堵住锁孔，真钥匙插不进去，信号就断了。但是钥匙和锁都可能会基因突变，或者更多的钥匙和锁可能被制造出来让假钥匙应接不暇，或者钥匙和锁突变成新的结构让假钥匙失效，从而造成耐药。而PROTAC药物则是把锁彻底销毁，这样的话，即使基因突变改变了钥匙和锁的结构，信号链也已经断了，而且断得非常彻底。这可以解决耐药的问题，也可以解决目前80%的靶点无法成药的问题。

2. 人体细胞中的蛋白种类繁多，其中80%的靶点目前无法成药，其中的原因很多，比如小分子药物容易脱靶，造成副作用大，或者有些蛋白结合面无法筛选到小分子，PROTAC药物对于这两种情况都能很好地解决。PROTAC药物因为需要特定的E3连接酶，这就大幅降低了脱靶的概率，提高了特异性，降低了副作用。对于蛋白结合面无法筛选到小分子的情况，PROTAC药物不需要在蛋白结合面和蛋白有结合点，只需在该蛋白的其他位置找到结合点，也可以把该蛋白降解掉，这就大大提高了成药概率。

3. 由于PROTAC药物能彻底降解蛋白，使得其药物活性可以比小分子高数百倍，一般药物的半最大效应浓度

(EC50)在 100～1000nM[①]左右,而用 PROTAC 药物的 EC50 可以达到 1nM,药物在血液中所需的暴露量可以低上百倍,副作用因此可以进一步下降。

总体上说,PROTAC 药物相对于目前小分子药物而言,是革命性的技术进步,可以靶向更多靶点,有更好的抗耐药特性、更高的亲和力、更好的特异性、更低的副作用。缺点就是分子量比较大,口服药体内生物利用度不高。

[①] nM 指纳摩尔每升,为浓度单位。

浅谈 ADC 技术的投资前景

2020-08-26

药物研发有时候是"弄拙成巧""瞎猫碰上死老鼠"。

比如最近大热的人滋养层细胞表面抗原 2（TROP2）的 ADC 药物，从 ADC 的原理上说，这个药非常失败，注射后，挂在单克隆抗体上的"导弹"纷纷掉落，全部小分子的血浆半衰期不足 1 天，也就是说 3 天内，这个 ADC 就会成为光杆司令，在 3 周的给药周期里，后 18 天相当于裸单克隆抗体。

那么，既然稳定性这么差，该药为什么能成功呢？原因可能有以下 5 点：

1. 该药的毒性分子是新结构的 7-乙基-10-羟基喜树碱（SN38），毒性很小，所以给药剂量可以很大，可以挂 8 个，剂量达到 10mg/kg。

2. SN38 容易穿透细胞膜，有旁观者杀伤效应，即使在血浆中掉落，也可以进入癌细胞，相当于化疗。

3. 虽然容易掉落，但相比注射伊立替康，ADC 有缓慢释放毒性分子的作用，提高了半衰期，也提高了血浆药物浓度。

4. 抗体还是起到了部分靶向的作用，使毒性分子再聚集在癌细胞里，起到了定向化疗的作用。

5. TROP2 这个靶点相当好，目前就这个靶点而言，ADC 结构和效果还有很大改进空间。

越来越多的证据显示，实体瘤 ADC 药物的旁观者杀伤效应很重要，甚至可能是关键性因素之一。

Vc-MMAE[⊖]（MMAF）多肽毒素系列水溶性好，但穿膜性差，旁观者杀伤能力差，目前大多仅在治疗血液肿瘤上取得成功，比如 CD30、BCMA、CD79b。而在实体瘤领域大多失败了，唯一成功的 Nectin4 还是在对化疗特别敏感的膀胱癌领域，算是特例。

而 DS8201、IMMU132 的毒素都是 SN38 衍生物，旁观者效应明显，在多个实体瘤上获得了巨大成功。

实体瘤本身皆是多基因突变，单个靶点难以覆盖全部癌细

⊖ 抗体药物复合体的一部分，具有抗癌活性，它由 MMAE 和 Vc 连接而成。

胞。ADC 将毒素指引到细胞内，毒性分子被蛋白酶切掉后，穿过细胞膜进入周围细胞中，把周围癌细胞杀伤一片，即旁观者杀伤效应。

逻辑上，实体瘤既然用可酶切的毒素，当然是希望有旁观者杀伤效应，否则这么设计没有意义，直接用不可切除的连接子（linker）㊀即可，但是目前药企们在开发的 ADC 大多是多肽类毒素，旁观者效应弱，方向好像走偏了。

要实现毒素的旁观者杀伤效应，须使用疏水性毒性分子，但如果疏水性太高，则 ADC 容易聚集或被组织吸收，毒性会太大，这个矛盾点很难平衡。

第一三共的 ADC 技术则很好地平衡了这个矛盾，利用连接子独创了四肽可酶切，亲水性好，毒素透膜性好，毒性不大，可高剂量给药，偶联技术也不错，不过偶联技术还有改进空间。第一三共短期内可能是 ADC 技术的高峰。

阿斯利康花 60 亿美元巨资，买了第一三共 TROP2 的 ADC 药物（DS-1062）的全球合作开发权益，拟开发肺癌和三阴性乳腺癌药物，这是第二个 ADC 巨资合作项目，第一个是大名鼎鼎的 DS-8201。

㊀ 连接子作为 ADC 药物的桥梁，通过可切割或不可切割的连接物与抗体连接，连接子需要精妙的设计，既需要具有稳定性，防止生理状态下的断链，又要具有在特定的部位，比如肿瘤细胞释放的特征。

这款药还在一期临床,在肺癌治疗上初步的临床效果惊人,使用最高剂量治疗后 7 人中 5 人客观有效,剂量相关性明显。

IMMU-132 的改进空间很大,毒性分子三天内掉光,但其靶向性是比较差的,相当于缓释化疗。

第一三共可能又是同类最优,TROP2 这个靶点既然缓释化疗的效果都这么好,那么靶向化疗加旁观者杀伤效果更好,逻辑上也说得通。

第一三共凭借 ADC 技术,有望一举成为世界级大药企,可惜这家日本药企的股票只在日本上市。

ADC 技术经过近 20 年的迭代日趋成熟,也因此成为热门研发技术。

我个人认为,目前国内在临床中的 ADC 药物大部分没什么技术含量,也没多少商业价值。

毒性分子(payload)简单拷贝 MMAE、MMAF、美登素(DM1),链接技术没什么改进,赖氨酸或半胱氨酸链接,连接子要么是 VC,要么不可切,HER2-ADC 大多比不过 TDM1,更别提 DS-8201。

真正厉害的 ADC 平台,至少需要在 payLoad、连接子或者它们的连接技术上有 1～2 个独特的改进,且需要具有深厚的临床前研究能力。

基因治疗的技术展望

2020-10-07

目前离体基因编辑的细胞治疗（CAR-T 疗法、干细胞移植）和病毒载体的基因治疗（靶向肝脏、大脑、眼睛）都已经成功，下一步是人体基因编辑。

病毒载体的基因治疗还是有自身的缺陷：

1. 人体产生或携带病毒抗体会消灭病毒载体，减弱治疗效果。
2. 腺相关病毒载体（AAV）携带的基因进入人体细胞核后，没有整合进入基因组，人体细胞分裂时不能同步复制，会导致效果越来越弱，特别是靶向肝脏，A 型血友病的病毒载体基因治疗显示，凝血 8 因子的浓度逐年下降。
3. 慢病毒载体基因治疗难以准确定位插入位点，风险比较高。

直接的人体基因编辑将会是许多遗传性疾病的终极解决方

案,目前它正在走向成功,首先成功的靶向器官可能是眼睛和肝脏,肝脏的成功概率很高,逻辑如下:

1. LNP技术靶向肝脏的药物已经成功上市了,比如用LNP载体治疗ATTR的RNAi药物都已经被FDA批准上市,可以沉默肝脏产生的特定蛋白,LNP通过结合载脂蛋白(APOE3)被肝细胞内吞,被修饰的RNAi逃离内体发挥作用。人体基因编辑用LNP递送的原理一样,成功概率也会很高。

2. ASO和RNAi药物核苷酸修饰技术被用到CRISPR的gRNA[⊖]上,提高了逃离内体的能力,递送和编辑效率也大幅提高。

3. mRNA技术的成熟,也让基因编辑剪刀核酸酶CAS9蛋白的mRNA递送不再是问题,最新的证据是mRNA疫苗的成功。

4. 病毒作为载体向肝脏递送DNA的技术已经成熟,A型血友病的病毒载体基因治疗已经提交了上市申请,2020年年内大概率就会被FDA批准上市。

⊖ Clustered Regularly Interspaced Short Palindromic Repeats RNA 是最近几年才发现的原核生物中的调控RNA。

5. 高通量基因检测技术的普及，使得体外和动物试验基因测序变得简单，脱靶风险可以在临床前就得到控制。

综上可见，经过数十年的技术迭代，各路技术都已经成熟了。基因治疗的成功好比箭在弦上，人类正在迎来一个伟大时代。遗传性基因缺陷如果被一针解决，上帝可能也会感到很意外。

脂质纳米颗粒的原理

2021-04-04

脂质纳米颗粒（LNP）可以说是革命性递送技术，没有 LNP 就不会有 mRNA 疫苗，LNP 也是人体基因编辑的最重要递送技术。

今天我读了一篇 LNP 的论文，解开了之前的许多疑问。[一]

1. PEG 脂质的 PEG 提供了亲水性，容易在水溶液里形成纳米颗粒的最外层。

在四种脂质中，PEG 脂质比例越高，形成的颗粒直径越小。纳米颗粒过小过大都不合适，PEG 脂质烃基端太短，则容易脱落，太长也不行。

2. 可离子化脂质最为关键。在低 PH 溶液中，该脂质的一端

[一] 以下 Buschmann, Michael D et al. " Nanomaterial Delivery Systems for mRNA Vaccines." [J]. Vaccines, 2021, 9:1-65. vol.

会离子化，带正电荷，然后会和 RNA 或 mRNA 中带负电荷的磷酸基结合，把 RNA 包裹在 LNP 的球体中央。

随着溶液 pH 酸碱度提高，该脂质会逐渐变成中性，中性可离子化脂质也大量包裹在 LNP 中。

当 LNP 被细胞内吞后，内体的 pH 酸碱度会逐渐下降，此时可离子化脂质又开始离子化带正电荷，该带正电荷的脂质会和内体膜中带负电荷的磷酸酯质结合，因为可离子化脂质呈锥形，头小，尾巴大，大尾巴会破坏内体的膜，使得 RNA 或 mRNA 逃离内体进入细胞质中。

为了提高逃离内体的效率，Moderna、德国生物新技术公司（BioNtech）、Intellia 等公司改进后的可离子化脂质都加大了锥体结构的尾巴，把 2 个烃基分支提高到 3～5 个分支。

3. 中性 LNP 会和 APOE3 结合，被运送到肝细胞，阳性 LNP 靶向肺部，阴性 LNP 靶向脾脏。

4. LNP 实质上是双层膜结构，外层膜主要是 PEG 脂质，也有中性脂质，内层膜主要是中性脂质，中间有些胆固醇作为结构脂质，球中央是中性可离子脂质、阳离子脂质及其包裹着的 mRNA，如图 4 所示。

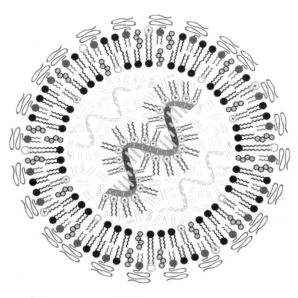

🧬 聚乙二醇衍生化磷脂　🧬 带电离子化基团脂质
🧬 胆固醇　　　　　　　🧬 中性离子化基团脂质
🧬 二硬脂酰磷脂酰胆碱
　　（DSPC）

图 4　脂质纳米颗粒示意图

浅谈国内药企的现在和未来

2020-11-18

国内医药企业的天花板是完成国际化,只有突破天花板才能成为真正意义上的大药企。

在国内,以前还能靠仿制药轻松赚钱,一致性评价政策推出和国家医保局集中采购后,仿制药的市场份额急剧缩水,逼着药企去创新。

于是药企纷纷从来钱最快、难度最小的 me-too 入手,搞同靶点的小分子改造,跟随国际药企做同靶点的生物药,使得其中一批速度较快的新老药企受益。

老药企以恒瑞医药手最快,提前其他药企 5～10 年,又抢先进入 PD-1 的第一阵营;中国生物制药运气好,遇到了安罗替尼;豪森药业抢占了表皮生长因子受体(EGFR)国产第三代抑制剂;石药集团抢占了恩必普。

在新药企中，主要是PD-1药物第一梯队迅速发展，如百济神州、信达生物制药、君实生物等；另外就是一批买中国区权益的新药企，如再鼎医药等。

不同于其他市场的是，中国市场存在一些产能过剩的现象。技术含量中等及以下的市场更容易存在这种现象：上百家PD-1药企，每个靶点基本都有10个以上的me-too。当然，这种现象部分有益于民众，部分有益于社会，但无益于药企。这种量大、面广的普通质量产品价格低廉，销售规模有限，其利润难以支撑持续的研发投入，也浪费了部分社会资源。

那么是否可以研制一些独一无二，或同类最优的药物？这是有希望的，但是很难，目前只有很少数的国产药物可能实现国际化，能做出重磅药物的更加稀少。

如果一家药企只在国内做业务，想成为巨头，几乎没有可能，天花板是很明显的。不过，随着药企持续增加研发投入，国产国际重磅药物和中国国际药企的出现只是时间早晚的问题。

国内医药行业的基础条件很好，无论是政策支持、基础研究发展速度，还是市场规模、工程师数量、研发人才规模都是很优越的。

只有那些眼光长远、站在医药科技前沿、持续增加研发投入的国内药企,才能成为国际巨头。那些停滞不前的传统医药企业则没有希望突破天花板。

国内最早开始国际化战略的应该是恒瑞医药,吡咯替尼等几款药5年前就开始在美国做临床试验,但是目前进度比较慢。

目前在国际化方面最领先的应该是百济神州,其布鲁顿氏酪氨酸激酶(BTK)抑制剂已经在美国由自己建立的团队销售了。

我认为,国际化最难的不是研发、注册、临床团队的国际化,而是销售的国际化,前者只要公司有钱、在海外招人就可以实现,但后者不只是钱和人的问题,还涉及产品的先进性和国际推广能力。

如果拥有独一无二、同类最优或明显更优的好药品,由自己销售也可以在美国慢慢打开市场。比如福泰制药有独一无二的囊性纤维化药物组合,它自己就可以卖大品种,成为大公司。类似的还有新基公司依靠来那度胺,再生元公司依靠阿柏西普,incyte公司依靠JAK2抑制剂等。

如果产品竞争激烈,自身又缺乏销售能力,则自己销售的难度太大。比如PD-1、BTK在美国竞争激烈,自己销售的难度很大,百济神州恰好是这样,两款药都是me-too,自己销售难度很大。

也就是说,国际化最好的方式就是有独一无二的品种,酒香不怕巷子深。最好再借助大药企的优势,比如把权益卖一部分给国际大药企,一起卖逐步培养出自己的销售团队。

国内药企目前有独一无二的好品种吗?有,但很少,主要是me-too。国内药企的国际化还有很长的路要走。

记一个投资案例：TG 治疗

2020-12-17

TG 治疗这家公司我已经跟踪了几年了。最早关注它是因为它从恒瑞医药买了一个 BTK 抑制剂的欧美权益，于是我把该公司的管线都分析了一遍。

该公司的 CEO 和创始人最早是基金经理，他创立了一家医药公司，后被收购，又创立了 TG 治疗。公司主要围绕淋巴瘤药物购买药物权益，它自己做临床开发，并形成治疗组合。

公司管线中主要为一个 PI3K⊖抑制剂和一个第三代 CD20⊖单克隆抗体，两者联合简称 U2⊜，二者正在三期临床和注册临床中；另外还有 BTK 抑制剂和 CD19-CD47 的双抗，此二者都在

⊖ PI3K 是一种胞内磷脂酰肌醇激酶。
⊖ CD20 抗原是一种非糖基化磷蛋白。
⊜ Ublituximab（新型糖基化抗 CD20 单克隆抗体）和 Umbralisib（新一代 PI3K 口服抑制剂）。

一二期临床中。

2020年初,其PI3K抑制剂已经在边缘区淋巴瘤的治疗上获得了FDA突破性疗法认定,在滤泡性淋巴瘤的治疗上也获得了成功。然而,在种种优势条件下,该公司的市值只有不到8亿美元。我当时认为,就凭这两个适应证未来的现金流折现,该公司市值就不止于此。

一方面,该公司的U2组合在慢性淋巴细胞白血病(CLL)方面的三期临床试验也会于年内出结果。我把FDA批准的所有CLL药物临床数据都分析了一遍,对照组中化疗药物Chl单药治疗CLL的客观缓解率(ORR)只有30%多,而PI3K的单药ORR在60%~80%左右,又结合一二期临床数据做了临床试验的结果模拟,确定该三期临床成功的概率高于95%。这个临床成功意味着该公司的内在价值会提高数十亿美元。

另一方面,该公司的CD20单克隆抗体在复发型多发性硬化(RMS)适应证上也有2个三期临床将于年内出结果,其一、二期临床数据非常好,有成为同类最优的潜力,成功概率高达90%以上。我找到了该药的临床前数据,其抗体依赖性细胞介导的细胞毒作用(ADCC)效应是利妥昔单抗的100倍,给药时间只需1个小时左右,而罗氏集团的竞品(目前是40亿美元的重磅产品)给药时间为3小时。RMS适应证的临床开发进一步提高了内在价值。

该公司的 BTK 抑制剂 90% 概率会成功，CD19-CD47 双抗也有潜力，但是因为都在早期，内在价值可以忽略不计。

做完这些功课，该公司的价值就一目了然了。投资这公司下有保底，上有几倍空间。但考虑到该公司缺少自主研发能力，销售能力具有不确定性，于是 2020 年初我买了约 10% 的仓位。

2020 年下半年，公司公布了 U2 组合的三期临床数据，股价开始大涨，RA 资本管理公司等基金大举进场，使得股价进一步上涨。

后来考虑到我想加仓平台型生物医药公司，就逐步卖掉了 TG 治疗，这只股票大概赚了 200%。

即使离开了，我仍然会想念它。

图 5　2020 年 3 月至 2020 年 12 月 TG 治疗股价走势

注：TG 治疗的买入时间为 2020 年第一季度，卖出时间为 2020 年 11 月份。

几个有投资前景的前沿抗癌技术

2021-02-01

癌细胞产生的本质是正常细胞基因突变后失控，进行无限制的分裂。根据肿瘤的发生机理或特征有不同的抗癌方法，下面几种是我很看好的：

1. 根据癌细胞特定基因突变或驱动基因，设计相应的靶向药物，比如针对 EGFR、ALK⊖、RET、ROS、KRAS、BTK、PI3K、CDK4/6、AR、ER、RAF 等细胞内信号通路，研发出相应的抑制剂，效果很突出。但小分子抑制剂仍然有许多缺点，如容易耐药、大部分靶点难以成药，而蛋白靶向降解技术将是威力强大的抗癌药物技术平台，它能彻底降解蛋白，克服耐药效果更好，靶向更多靶点。

⊖ 间变性淋巴瘤激酶。

2. 依据癌细胞表面表达的特定蛋白标志物设计 ADC 抗体偶联毒素药物，ADC 相当于抗体药物的加强版，让抗体挂上"导弹"靶向癌细胞。从第一三共的 HER2-ADC 惊艳效果就可见一斑，这个技术有很好的发展潜力，还有上百个靶点可以探索，连接子、毒素、偶联技术都有进步空间，抗体还可以挂上细胞因子等。

3. 根据癌细胞表面的蛋白标志物设计特异性 T 细胞，如 CAR-T 细胞疗法。CAR-T 疗法在血液肿瘤上已经显现出惊人的效果，未来它可能是几乎所有血液肿瘤的一线疗法，还有非常多的靶点可以探索，技术也有很多发展空间，包括通用 CAR-T、多靶点 CAR-T、治疗实体瘤等。

4. 依据癌细胞内部的特异性抗原设计或筛选靶向 T 细胞，如 TCR-T 疗法、肿瘤浸润淋巴细胞（TIL）疗法。TCR 技术借助于基因编辑，可以实现复杂精巧的 T 细胞改造，集成各种免疫治疗和靶向治疗的靶点，犹如晶体管遇上单晶硅技术带来的芯片革命。这类技术有望成为实体瘤治疗的革命性技术。

以上技术已经成熟。除了以上技术，还有癌症治疗性疫苗，其原理本质上也是免疫细胞疗法,只是在人体内制造免疫细胞,该技术目前还无法判断成功概率。

另外,PD-1、CD47这类免疫靶点的成功可能是偶然事件,如果后面的几个免疫靶点接连失败,则PD-1药物的成功可能难以重现。

癌细胞诞生覆灭记

2021-04-12

人体是一堆细胞有秩序共生的社会,要维持整个社会正常运行,细胞就需要有一定的生命周期和复制周期,受到一些命令的调控,在特定条件下该死亡就死亡,该复制就复制,但是由于细胞 DNA 的特性,也由于生物进化的内在机理,细胞在复制过程中有小概率会出错。

随着细胞复制的次数增多,细胞复制导致的错误越来越多,其中大部分 DNA 错误无关紧要,但是有时候运气不好,少数 DNA 复制错误导致少数几个细胞长生不老,不受死亡命令的控制,更有甚者其复制也不受控制。

这些少数失控的叛军细胞经过数年甚至数十年的潜伏和复制,终于在某一天成了一支有组织、有规模的军队,直到规模变得足够大了,才能在体检中被发现。

如果这时，小叛军细胞还没有扩散，只待在某个部位，切掉这部分组织就好了，复发的概率较低。

如果这支军队中已经有细胞跑到其他器官，那么手术也无法全部清除，此时医生一般通过手术切除可见的叛军细胞群。手术前的治疗叫新辅助治疗，医生用药物杀死一些叛军细胞。也缩小肿物体积，方便手术切除；手术后的治疗叫辅助治疗，用药物治疗杀死看不见转移到其他器官的叛军细胞。

如果这支叛军已经扩散到身体各处，甚至骨髓，这时手术治疗的意义已经不大了，此时最有效的方法是用最好的药物联合围剿叛军。

这些叛军细胞中往往存在一个主力军，主力军往往依靠某种特定路径壮大和逃逸，不受控制。科学家因而研发出堵住这条路径的靶向药物，效果往往非常好。

然而，这群叛军经常是一帮杂牌军，无组织，无纪律，逃逸路径我们无法判断，但它们为了逃避免疫系统的检查，有些会伪装成良民，科学家因而研发出识别假良民的药物，让T细胞去识别杀灭这些叛军，这就是免疫治疗。

科学家还会改造免疫细胞，让免疫细胞携带识别叛军的导航系统，免疫细胞找到叛军后就会杀死它们，这就是细胞治疗。

另外，科学家让抗体携带有毒的弹头去找叛军，找到后将其毒死，这就是 ADC 技术。

有些叛军繁殖得特别快，于是研发了一些具有细胞毒性的药物，它们会优先杀死繁殖快的细胞，同时也会杀伤一些正常细胞，这就是化疗药物。

叛军繁殖快，它们就需要通过血管吸收营养，于是科学家研发了抑制血管生成的药物，以饿死叛军，这就是抗血管生成药物。

还有许多消灭叛军的机理和药物正在研发中，在这场战斗中，100年前，人类束手无策，但最近50年，人类正在取得一步步胜利，有大胜，有小胜，人类不屈服于叛军，正在利用医疗科技取得更大的胜利。

这群叛军叫癌细胞。

脂肪酸和脂质传奇

2021-02-27

研究有时候会发现一些有意思的事。

比如地特胰岛素连上一个小脂肪酸侧链,然后利拉鲁肽在这个基础上加长脂肪酸侧链,脂肪酸链可以和人体白蛋白结合延长半衰期,如此便降低了注射的频率,应用该技术制成的药物成为糖尿病和减肥的重磅药物。

然后这个侧链又出现在升级版的胰岛素——德谷胰岛素上,其半衰期更长,德谷胰岛素是目前世界上最好的长效胰岛素。

升级版的索玛鲁肽又加长了侧链,增加了几个PEG,只需一周注射一次。索玛鲁肽在全球范围上市,正在成为糖尿病、心血管,肥胖、脂肪肝多疾病的治疗神药。然后这个侧链又应用到了一周一次的长效胰岛素上,临床试验效果突出,进一步减轻了糖尿病患者的痛苦。

在另一个领域，一个 RNAi 技术平台利用拉鲁肽类似的脂肪酸侧链来增强体内 PK 特性、延长半衰期，可以靶向肿瘤组织。而另一家 RNAi 公司用脂肪酸链靶向肝脏以外的器官，如大脑、脂肪组织和肌肉。

在新冠肺炎疫情出现之前许多年，有家公司用一种可离子化脂质和另外三种脂质构建了脂质纳米颗粒 LNP，用于包裹着 RNAi 靶向肝脏细胞，用于治疗 ATTR 遗传病，并且被 FDA 批准上市。可离子化脂质可以逃离内体而保护 LNP 中的分子不被溶酶体降解。

有几家做 mRNA 的公司屡战屡败后，终于发现 LNP 是个好东西，拷贝了这个 LNP 技术，将该技术稍做改良，用于递送 mRNA。如今遇到新冠肺炎疫情，用 LNP 包裹的 mRNA 疫苗 1 年内上市 2 款，打破了历史纪录。疫苗的效果惊艳，保护效率高达 90%，成为人类的救命神器。尽管 LNP 疫苗的多家开发公司至今还在为专利权打官司。

之前基因编辑技术还无法实现将基因编辑剪刀递送到人体细胞内，某公司也发现用 LNP 来递送基因编辑剪刀简直再好不过，于是开发该技术用来做人体内的基因编辑，靶向肝脏。该技术在猴子身上效果很好，一针解决了许多遗传病，目前正在进行人体临床试验。

这就是小小的脂肪酸和脂质的传奇故事。

人类进步的步伐不可阻挡,因为我们的智慧建立在迭代优化的基础上。

记一个投资案例：基因编辑

2021-07-04

在某基因编辑公司市值10多亿美元时，我买了一个5%～10%的小仓位，原因是其体外细胞编辑疗法在地中海贫血症上的成功概率高于90%，因为已经有其他公司的同类机理药物上市，且这些药物的临床数据优异，仅凭这一点，该公司就值10亿美元。

该公司另外一个体外细胞疗法成功概率高于80%，我正好找到了同一靶点、同种方法治疗相同疾病的临床试验论文，其效果惊人。

该公司前景最好的是体内基因编辑。我研究完所有上市基因编辑公司后，得出结论：该公司的体内基因编辑成功概率最高，技术最靠谱。

至于是怎么得出这个结论的，简单说，是我的运气好。我过去几年持续阅览并钻研专利和论文,非常熟悉RNAi技术和LNP技术,而该公司CRISPR基因编辑恰好用到了RNAi技术中的核酸修饰,也用到了LNP,其将LNP的半衰期进一步缩短,安全性提高,又有细胞、老鼠、猴子体内长期数据的完整证据链,已经多个靶点在猴子体内产生优异的效果,第一个靶点也已经有成熟的药物,水到渠成。

该公司有开始的两个项目保底,加上和几个大药企的合作项目资金流入,再加上数亿美元现金,再加上目前最靠谱的体内基因编辑疗法,总的来说,这笔投资下有保底,上有大概率成功,小仓位买入风险很低。

不承想,小仓位涨成了大仓位,加上最近体内基因编辑项目印证了看法,临床成功又暴涨了一截,现在确定性大幅提高,我也没有办法,只有继续抱着。

| 银行业 |

谈银行业的投资价值[一]

2014-07-29

今天我想分析一下招商银行。招商银行是一家股份制银行。它的特色是以零售业务为主,零售业务占比在50%左右,而且个人的活期存款率比较高。这就带来一个优势,负债端的成本很低。在成本很低的情况下,在同样利差下,负债端的成本很低,那么它放贷款可以不要求那么高的贷款利率,也就是说它在资产上可以更优质。

那么我们为什么投资银行呢?主要是现在银行股太便宜了。大家对银行的预期很差,认为如果中国发生金融危机,或者房地产泡沫破裂让房地产价格腰斩,会连累银行。所以,银行现在整体的估值还在净资产以下,目前涨了一点之后有一部分银行的估

[一] 整理自2014年7月29日第一财经电视节目《公司与行业》。

值刚好达到净资产。银行股仍然很便宜。

招商银行尤其具有竞争力。它的核心竞争力就在于它的风控，如果我们假设银行业的风险很高，要找个风控比较好的银行，那么招商银行的风控是做得非常好的。这是从安全的角度。那么从持续性的角度呢？它的零售做得好，目前其他股份制银行的零售都没有做得像它这么好的，要在三五年内赶上它都是很难的。

从整个银行业来说，大家认为前景不怎么样，实际上我认为这个结论有值得商榷的地方。我们可以去看，整个银行业的规模增长率实际上跟我们名义国内生产总值（GDP）的增速是差不多的，名义GDP增速等于实际GDP加上居民消费价格指数（CPI）增速，这一结果目前差不多是10%。所以，未来如果还要保持中速增长，那么未来若干年这个规模增长率还会保持在10%左右，好的银行可能会上升到15%。

银行的规模仍然在增长，这也意味着贷款量、存款量还会继续增长。有人担心规模的确是在增长，但是利差可能会下降，因为利率市场化会对利差产生很大的影响。很多人试图用我国台湾地区的案例来印证此观点，但是如果拿数据来仔细对比，就会发现这个观点是错的，为什么？真正去对比一下，你会发现台湾地区2001年的坏账爆发，以及从20世纪90年代到2001年利率、利差的下降,实际上跟大陆利率市场化对利差的影响没有可比性。你再仔细对比一下台湾地区当时的利率水平和GDP增速,实际上它的利率水平是受制于GDP增速的,GDP增速下降,整个经济的需求下降,则利率就下降,利率下降了那么利差必然会下降,好比一个公司销售的产品的价格都下降了,毛利润肯定会下降。这实际上是一个偶然的巧合:上述现象刚好出现在20世纪八九十年代台湾地区推行利率市场化的时候,大家就认为利率市场化与利差下降是强相关的。从内在逻辑上,其实GDP增速下降才是根本原因。我觉得我国的利差是会缩小的,因为我们的GDP增速也会走向中速增长。

　　银行股跌了这么长时间,大家都疲惫了,会从后视镜里面看未来,认为现在这个情况会一直延续下去。很多银行2006年、2007年的时候市盈率有30~50倍,而现在市盈率只有5倍。也就是说,银行的利润增长得很厉害,但是它的估值一直在下降,但是未来并不一定会保持这个态势。我认为未来好的银行仍然能保持10%左右的年增长率,这在若干年内的确定性还是非常高的。

如何分析银行的真实不良率和拨备率[一]

2015-10-17

最近三年,产能过剩、结构转型等因素导致中国GDP增速放缓,实体经济的收益率下滑,造成银行业的坏账率随之不断攀升。在这种情况下,投资者对银行股退避三舍,无人问津,以至于银行股的静态估值坠入历史低位。

市场对银行股最大的担心之一是预期银行坏账可能继续大量爆发,净利润大幅下降甚至亏损,如果没有足够的坏账拨备,银行的净资产可能会被侵蚀。所以,拨备是否充足是分析银行股的关键指标之一,那么如何分析银行业真实的拨备情况呢?

举例来说,2015年上半年,招商银行营业收入同比增长23.5%,但净利润只增长了8.2%,原因是减值拨备计提了291

[一] 原文刊载于《证券市场周刊·红周刊》2015年第80期。

亿元（2014年上半年计提了163亿元，同比增长78.5%）。2015年上半年，招商银行逾期贷款也增长较多——新增302亿元逾期贷款，比减值拨备计提额多出11亿元。上半年不良贷款余额增加了117亿元，加上核销的135亿元，共新增不良贷款252亿元，上半年拨备计提量超新增不良贷款近40亿元。

然而，这并不足以作为判断招商银行拨备充足与否的依据，半年的数据不能说明问题。关键得看真实的拨备覆盖结果，同时横向比较才能看到差别。

从2015年半年报披露的数据看，招商银行超90天逾期贷款为389亿元，不良贷款为396亿元，不良贷款与超90天逾期贷款的比值为1.02，中信银行为0.81，兴业银行为0.66，民生银行为0.64，浦发银行为0.56，华夏银行为0.45，平安银行为0.37。

也就是说，不良贷款可以高于超90天逾期贷款，也可以低于超90天逾期贷款，这个比例有很大的自由度。为了平滑利润表，银行可能会让真实不良贷款少于超90天逾期贷款，从而少计提拨备，以提高报表显示的净利润。另外，一些不良贷款会以重组贷款⊖的形式存在，使得不良贷款看起来比较低。

⊖ 中国人民银行2001年12月正式颁布的《贷款风险分类指导原则》第七条规定：需要重组的贷款应至少归为次级类。

所以，仅从公司年报中看不出来真实的不良率和拨备情况，因为不良贷款额某种程度上是有操作空间的。

按照一般的银行会计原则，信用贷款（如信用卡透支）逾期超过30天就被认定为不良贷款，其他担保方式（保证、抵押、质押）都是逾期超过90天被认定为不良贷款，如果贷款逾期超过90天还没有进入不良贷款中，则需要有充足的担保品。

对于已经逾期的贷款，如果针对该项贷款没有计提坏账拨备，该贷款就会归入已逾期未拨备贷款之中。对于已逾期未拨备贷款，通过分析担保物的公允价值与已逾期未拨备贷款的比例，可以观察担保物是否充足以及不良贷款是否分类合理。

综上所述，可以结合三个指标来观察银行的真实贷款不良率、真实贷款拨备率和不良贷款分类合理与否，表1展示了7家股份制银行的三个指标，皆采用2015年半年报数据。

- 为了保守估计银行的真实不良率，可以重点考察超90天逾期贷款+重组贷款，用来代替报表显示的不良率。该比例越低说明银行资产目前的不良贷款比率越小，招商银行该比例为1.54%，浦发银行为2.30%，兴业银行为2.62%，中信银行为2.25%，民生银行为2.40%，华夏银行为2.99%，平安银行为4.98%。可见，在这7家股份制银行中,招商银行的真实不良率最低。

- 要观察真实拨备覆盖率,可以看拨备余额/(超90天逾期贷款+重组贷款),以此来代替报表显示的拨备率。该比例越高说明拨备越充足,招商银行该比值为1.99,浦发银行为1.36,兴业银行为1.09,中信银行为1.05,民生银行为0.91,华夏银行为0.83,平安银行为0.49。可见,在这7家股份制银行中,招商银行的真实拨备率最高。

- 另一个辅助指标看担保物与已逾期未减值贷款之比,用来衡量已逾期未减值贷款是否有充足的担保物,并间接观察不良贷款是否分类合理。该指标越高,说明担保物越是充足,且说明不良贷款的分类越是严格。招商银行中报没有披露担保物公允价值,2014年底为889亿元,这个价值随着逾期贷款的增加只会增多不会减少,保守起见,假设今年上半年担保物仍然是889亿元。该指标招商银行是2.05,浦发银行1.25,华夏银行为1.12,平安银行是1.11,兴业银行为0.96,民生银行为0.81,中信银行是0.52。可见,在7家股份制银行中,招商银行的担保物覆盖率也是股份制银行中最高的,同时说明招商银行的不良贷款分类最严格。

表 1　7 家股份制银行 2015 年中指标

	真实不良率(%)	真实拨备覆盖率比值	担保物比例	不良贷款/超90天逾期贷款
招商银行	1.54	1.99	2.05	1.02
浦发银行	2.30	1.36	1.25	0.56
兴业银行	2.62	1.09	0.96	0.66
中信银行	2.25	1.05	0.52	0.81
民生银行	2.40	0.91	0.81	0.64
华夏银行	2.99	0.83	1.12	0.45
平安银行	4.98	0.49	1.11	0.37

如果各个银行统一把全部超 90 天逾期贷款和重组贷款都划入不良贷款中，然后提取相同的拨备比例，再来比较利润和净资产，就能看出结果和年报显示的数据之间存在或大或小的差别。如果未来经济增速下滑的速率降低或经济状况缓解，现在银行多计提的拨备就可能变成以后的净利润，所以现在多计提拨备相当于为以后释放净利润埋下伏笔。

对于银行股来说，分析银行的真实不良率和拨备率仅仅是一个方面，这些数据并不能用来预测未来的坏账比例，只能在某种程度上比较银行之间现在的不良贷款分类的严格程度和拨备充足情况。

| 水电行业 |

投资水电股的逻辑[一]

水电行业在我国能源战略中占有重要地位，具有广阔的发展空间。总体上来说，中国水电行业目前前三大水资源就是水电站建设资源的三条江。第一个是长江三峡，该工程是长江电力开发的；第二个是长江上游的金沙江，有四个电站，目前该工程是三峡总公司在开发；第三个是上游的雅砻江，雅砻江水电就是我接下来会详细介绍的两家公司一起开发的，国投电力持股52%，川投能源持股48%。

对于整个行业来说，有三点可以描述这个行业的特性。

第一点就是有稳定的现金流。水电行业跟其他行业不太一样，它基本上不受经济周期的影响，因为水电的上网电价是低于

[一] 摘录自2014年8月8日第一财经电视节目《公司与行业》。

火电的，大概低 0.1～0.2 元左右，所以它会被优先调度，这个是优势很大的。另外它是清洁能源，目前在环保要求越来越高的情况下，火电是受限的，水电是优先上网的。所以，水电股基本不受经济周期的波动，你可以把它看成一种最高等级的国债。虽然每年的水流量可能会有些波动，但是长期的比如十年的平均水流量是基本不变的，它的内在价值是非常稳定的，派息也很稳定。

第二点是利润高增长具有确定性。雅砻江所有的下游的电站在今年将全部投产，投产之后，国投电力和川投能源的利润将会大幅增加。而且考虑到下游只有 5 个电站投产，未来还有中游的电站、上游的电站，整条江总共将有 20 多个电站。

第三点是折旧中隐含利润。比如说我们建个钢厂或者汽车厂，每年的折旧都是真实的折旧，因为设备、备件每年要更新，若干年之后整条产线可能都翻新了一遍了，如果每年折旧 50 亿元，那么这 50 亿元是真的花进去。但是水电站不一样，水电站的大坝可以用 100 年以上，但是它们折旧的原则一般是在 50 年之内折旧，也就是说，它的折旧实际上就是利润，这是非常好的一个特性。

前面我提到的雅砻江水电，是由两家公司控股的，一个是国投电力，另一个是川投能源。先说国投电力，到今年年底，雅雅江所有的下游电站全部投产，投产之后能发电700亿千瓦时，国投电力持股52%，那么利润在40亿元左右。除此之外一些其他的电站它也有股份，加起来利润在45亿元左右。另外还有火电，每年大概发电500亿千瓦时。火电的利润率比水电要低一半左右，所以加起来明年国投电力所有的利润将会超过60亿元，其中还不包括折旧里面隐藏的利润。它现在的市值是多少？只有370亿元。也就是说，按照10倍的市盈率算，非常明显其价值是被低估的。

从估值来看，国投电力的内在价值算起来在550亿元左右。为什么用10倍的市盈率算呢，因为前面说到过，它的现金流是非常稳定的。现在整个行业的平均估值在10倍左右，也就是说，未来还有比较大的市值增长的空间。

国投电力和川投能源这两家公司的增长主要来源于新建水电站。一家公司的价值取决于它未来产生多少现金流，相当于我们买了一只母鸡，它的价值取决于它未来下多少蛋，它今天不下蛋，并不代表它就没有价值。每年来水量是有波动的，这很正常。短期的波动反而是买入的机会，比如长江电力去年发电就比较差，今年它的股价最低跌到5.5元左右，但是从那时到现在已经涨了20%左右了，除权后接近30%。

为什么现在估值和市场存在比较大的差距？因为市场现在不

看好大市值，大家喜欢炒那些市值小的，把它们炒得很高。而这两家公司的市值都是几百亿元，所以大家不去关注它们。但是你去看它们的股价趋势曲线，这两个公司过去一年都已经翻倍了，但现在还是很便宜。

梦游篇：水电站致富之道[一]

2016-07-04

以下内容为梦游之所思，如有雷同，纯属做梦。

我有200亿元现金，想找个投资项目，建水电站似乎是个不错的选择。收益先不谈，这个项目的优点很明显：

- 水电比火电每千瓦时便宜0.1元左右，比风电、太阳能便宜得更多，有优先调度的竞争优势。
- 水电污染少，有国家税收等政策支持，建成后运行100年没什么大问题。
- 水电站的变动成本几乎为零，不像火电一样受制于煤炭价格的波动。
- 我信用高（国家级信用），加上水电现金流稳定且充足，

[一] 本文为投资国投电力和川投能源时，对水电站商业模式的思考。

能以优惠的利率大量贷款,杠杆可放到 4 倍。
- 水电资源有限,但我能拿到批文。

这么一想,我乐了,但还得算算投资收益如何。

- 贷款 800 亿元,加上自己的 200 亿元,总共 1000 亿元,按照 9000 元/千瓦的投资额,可建成年发电能力 1111 万千瓦的水电站。

- 年发电小时平均按照 4500 小时计算,年发电量为 500 亿千瓦时。

- 上网电价按照 0.3 元/千瓦时算,年销售收入为 150 亿元,考虑到增值税优惠和进项税抵消,未来 10 年的平均增值税率约为 13%,那么营业收入为 130 亿元,运营成本(管理费用、生产费用、销售费用、真实折旧)约 30 亿元,剩下 100 亿元的经营现金流,这 100 亿元包括贷款利息、非真实的折旧和净利润。

- 800 亿元贷款的平均贷款利率为 6%,第一年的利息约 50 亿元,假定我准备在 10 年内还清贷款,那么年平均贷款利息约为 25 亿元。每年 100 亿元现金流减去 25 亿元,剩下 75 亿元可以用来还贷款的本金,800 亿元贷款,大约 10 年可以还清。

- 10年之后，我不欠银行一分钱，该水电站每年产生100亿元的净利润，按照现金流折现估值，按该水电站10倍PE计算，我拥有了价值1000亿元的资产。
- 不考虑建设期，10年时间我的资产从200亿元增加到1000亿元，年复合收益率约为18%，当然如果中间还有其他电站批文到手，那么我就可以滚动开发，年复合收益率会进一步提高。

梦毕，笑醒，洗洗再睡。

| 白酒行业 |

此时看好高端白酒的逻辑

2013-02-07

近期白酒股票遭遇了近10年来的最为严重的质疑，这在股价上反映得很明显。贵州茅台在2008年10月，即金融危机最严重时，股价约为90元，2008年每股收益4.03元，市盈率22.5倍；2012年每股收益约12.7元，市盈率14倍；今天收盘股价为178元。五粮液2008年市盈率最低约为24倍，目前是10倍。可见市场对白酒行业的悲观程度。白酒行业目前成为市场上估值最低的行业，与2011年的房地产行业和银行业颇为类似。

大家对白酒公司的忧虑主要有：全国产能过剩；"三公"消费禁令将使高档酒消费量下降；塑化剂风波等。对此我的看法是：

1. 针对产能过剩这一点，我认为：快速消费品不同于一般制造业，不存在产能过剩。因为品牌是快速消费品的核心竞争力，有强大品牌的公司不怕过剩，品牌弱的公司才会怕过剩，况且茅台和五粮液的白酒市场占有率都不到5%。据统计，美国1923年在25个品类中位居第一的25个品牌，到77年之后的2000年，只有3个丢掉了领先位置。

2. 对于"三公"消费禁令将使高档酒消费量下降的观点，我认为这种情况可能对高档酒销量有一定的影响，但从5年或更长的时间维度看，随着居民收入的提高和商业活动的增加，高档酒的潜在销量也在提高，因此这一点不是大问题。

3. 对于塑化剂风波，我认为，只要不是故意添加，运输包装等过程中有微量渗入可以理解，也不会对人造成危害。

为什么我看好茅台和五粮液？因为它们的商业模式堪称完美。

1. 品牌强大。很多人不喝白酒，但你要开一瓶茅台，大家都会抢着喝。茅台的品牌地位深入人心。
2. 低投入，高产出。一般制造业的设备需要不断更新，扩大生产需要大笔再投入，房地产公司的发展也需要不断投入资金，但白酒公司是低投入，高产出，茅台的毛利率达到惊人的90%。

3. 存货增值。存货越来越值钱，世界上这种模式的行业很稀少。

4. 确定性强。茅台的制造周期为5年，只要售价和出厂价有差距，就知道5年后的销量能够翻倍，这还没考虑销售价格上涨的空间。

大家都希望买在最低点，有几个人能够做到？又能做到几次？制定好安全边际的折扣率，达到了就买，越低越买——这种策略以前在银行、地产上有效，相信在目前白酒上也同样有效。许多人想等方向明确后再买，但有方向了，价格就不会便宜。

总体来说，从现金流折现的角度来看，目前白酒龙头的10倍市盈率相当于其他行业公司的5倍市盈率。茅台的合理估值约为4000亿元，今天总市值1850亿元，五粮液的合理估值约为2000亿元，今天总市值958亿元，当前市值都在合理估值的一半以下，此时不买更待何时。当然，我希望股价继续下跌，这样就能够买的更多。

近几年还有个强烈的体会：对于好公司，在市场最悲观时，我们可以淡定地按照正常情况估值，遇到远低于估值的价格就多买入，多收获。

贵州茅台实际销售收入的计算方法[一]

2014-04-25

由于存在大量的预收账款，白酒行业报表中的销售收入和实际销售收入有比较大的差异，而且营业收入可以调节。为了跟踪实际的销售情况，需要我们另外想办法。

一个比较好的方法是用销售商品收到的现金，加上应收票据增量和应收账款增量，来代替实际销售收入。收到的现金和应收票据越多，说明销售情况越好，而这些钱在什么时候结算入账，公司可以根据结算情况调节，这方面和地产公司有些类似。当然，强势品牌的白酒公司对经销商有更强的控制力，最终产品是否进入消费者手中我们不得而知。

因销售商品、提供劳务而收到的现金的计算方法：

[一] 这个计算方法应该是我"首创"的，用于观察白酒公司的实际出货状况。后来网络上有不少投资者使用这个方法。

主营业务收入＋本期销项税金—（应收账款期末余额—应收账款期初余额）—（应收票据期末余额—应收票据期初余额）＋（预收账款期末余额—预收账款期初余额）

对于白酒公司来说，应收账款较少，可以忽略，因此用应收票据和应收账款的增量，加上销售商品所得现金，即可代表实际销售收入，相当于报表营业收入＋预收账款增量＋销项税金。

经过计算结果如下：

2014年第一季度，贵州茅台实际销售收入（含税，下同）约为72.38亿元，去年同期为61.6亿元，同比增长17.5%。

那为什么官方发布的一季报显示营业收入只增长了3.96%，且预收账款还减少了约14亿元呢？因为2013年同期预收账款减少了22亿元，也就是说2013年第一季度报表营业收入做得太高，透支太厉害，导致今年一季报中收入的增幅较小。

粗略计算实际营收＝报表营收＋预收账款增量/1.17。

2014年第一季度实际主营收入为62.5亿元（报表公布为74.4983亿元），2013年第一季度实际主营收入为52.8亿元（报表公布为71.6519亿元），实际同比增长18.3%。

三大白酒公司实际销售收入分析见表2。

表2 三大白酒公司实际销售收入分析

(单位：亿元)

	五粮液			泸州老窖			贵州茅台		
	销售商品现金收到现金	应收票据和应收账款增量	合计	销售商品收到现金	应收票据和应收账款增量	合计	销售商品收到现金	应收票据和应收账款增量	合计
2012年第一季度	75.46	4.35	79.81	32.14	0.94	33.08	57.66	-0.2	57.46
2013年第一季度	74.98	2.91	77.89	32.19	-3.98	28.21	61.6	-1.33	60.27
2014年第一季度							72.38	-0.1	72.28
2013年第一季度同比	-0.64%		-2.41%	0.16%		-14.72%	6.8%		4.89%
2014年第一季度同比							17.5%		19.93%
2012年半年	149.04	4.61	153.65	74.18	-15.11	59.07	125.35	-0.31	125.04
2013年半年	133.82	16.53	150.35	61.46	-8.36	53.1	119.6	-0.45	119.15
半年同比	-10.21%		-2.15%	-17.1%		-10.11%	-4.6%		-4.71%
2012年第二季度	73.58	0.26	73.84	42.04	-16.05	25.99	67.69	-0.11	67.58
2013年第二季度	58.84	13.62	72.46	29.27	-4.38	24.89	58.00	0.88	58.88
第二季度同比	-20.03%		-1.87%	-30.4%		-4.23%	-14.3%		-12.87%
第二季度环比	-21.53%		-6.97%	-9.1%		-11.77%	-5.8%		-2.31%
2012年前三季度	223.85	-2.03	221.82	109.75	-17.79	91.96	198.26	0.96	199.22
2013年前三季度	157.09	15.5	172.59	83.93	-1	82.93	220.8	-0.25	220.55
前三季度同比	-29.82%		-22.19%	-23.53%		-9.82%	11.4%		10.71%

2012年第三季度	74.81	-6.64	68.17	35.57	-2.68	32.89	72.91	1.27	74.18
2013年第三季度	23.27	-1.03	22.24	22.47	7.36	29.83	101.20	0.20	101.40
第三季度同比	-68.9%		-67.38%	-36.8%		-9.30%	38.8%		36.69%
第三季度环比	-60.5%		-69.31%	-23.2%		19.85%	74.5%		72.21%
2012年全年	330.05	6.6	336.65	141.05	-6.3	134.75	289.12	-0.32	288.80
2013年全年	249.04	10.25	259.29	96.81	1.38	98.19	332.34	0.74	333.08
全年同比	-24.54%		-22.98%	-31.36%		-27.13%	14.9%		15.33%
2012年第四季度	106.20	8.63	114.83	31.30	11.49	42.79	90.86	-1.28	89.58
2013年第四季度	91.95	-5.25	86.70	12.88	2.38	15.26	111.54	0.99	112.53
第四季度同比	-13.4%		-24.50%	-58.8%		-64.34%	22.8%		25.62%
第四季度环比	295.1%		289.84%	-42.7%		-48.84%	10.2%		10.98%

白酒行业的投资逻辑[一]

近期，白酒行业整体上涨，整个基本面也在改善。从分析来看，高端白酒基本已经触底。从第一季度公布的年报不难看出，五粮液和茅台的营业收入是同比增长的。

从整个行业的发展来看，上一轮的调整是从 1998 年到 2005 年，调整的原因是产能过剩。从 2005 年之后，高端白酒涨价特别快，茅台涨了 3 倍左右。茅台一涨，所有品牌都跟着涨。

在这个行业向好的时候，各公司产能扩张得特别厉害。这次"三公"消费禁令的发布导致高档酒消费量下降只是一个次要原因，白酒行业调整的根本原因是产能过剩和价格透支。

[一] 摘录自 2014 年 7 月 30 日第一财经电视节目《公司与行业》。

在这种情况下，就像在2013年那时一样，市场预期比较差。白酒股跌得很厉害，很多媒体因此下定论：高端白酒不被看好。在那个时候，我认为高端白酒是被误杀的。因为白酒产能过剩跟钢铁产能过剩是两码事。钢铁产能过剩的解决办法只能是把亏损的淘汰掉，而且要在竞争中显露出来，只有一个手段，就是价格。白酒则不一样，白酒是快速消费品，通过品牌来竞争，品牌强的公司才能胜出。

现在有不少人说，"我们一般投资人喜欢那种行业景气度高的行业"。现在行业景气度高的很多，那我为什么不去选那些行业，却选了白酒行业，而且是高端白酒行业？

因为高端白酒行业的确定性实际上不比其他行业低。高端白酒的股价去年跌到什么程度？比如，茅台在120元/股的时候，相当于仅8倍的市盈率，它还有250亿元左右的现金；五粮液500多亿元市值的时候，有300多亿的现金，它的市盈率也只有8倍，去除现金，只有5倍左右。这种水平的价格，我预计，在未来10年左右都难以再现。这时候的性价比是非常高的。而且未来，在这个行业的竞争中，高端白酒将只有两个品牌——茅台和五粮液。如果它们的价格降下来，那么其他中低端白酒价格肯定是受压的，竞争就会很激烈。因此，它们的确定性不比其他行业低。也就是说，从概率上，它有很高的概率会胜出；从赔率上，以这么低的价格买入，你也赔不了多少。什么是赔率？赔率就是赢的概率，即涨的幅度与跌的幅度之比。也就是说，如果我预测正确，涨 50%，如果我预测失败，跌 10%，那么，我的赔率就是 5 倍。概率和赔率结合起来，就是我们所谓的确定性。

一旦处于高确定性的情况下，价格按照预期走，收益将会是很丰富的。这是一个非常好的策略。

策略与思考篇

关于公司分红策略的探讨

2013-03-08

对于公司是否分红、如何分红,大家各有不同观点,其中我见过最透彻分析的当属巴菲特在历年股东信中所表述的观点。我将在他的观点的基础上,结合我所熟悉的公司,对如何分红做进一步的分析和探讨。

对于同一家公司,不论是上市还是非上市,其分红的策略应该是一样的。我们投资的出发点都是为了使资产得到最大程度的增值,如何运用好公司产生的利润是探讨分红策略的基础。

有人说公司分红多说明公司财务稳健、对投资者负责任,这是将分红策略作为考察公司好坏或诚信度的一种途径,隐含的意思是投资者对这家公司还不是很了解,也不是很放心。这种情况另当别论,这里主要探讨的对象是我们了解并信任的上市公司。

如果公司产生了一笔利润,将其全部分给股东,不考虑分红税，股东拿着这笔钱去买债券，或者放在银行长期定存，或者银行理财，可以得到固定的无风险利息。假如这个无风险利率最高是10%，若公司有好的投资项目，其边际投资收益率大于10%，这笔钱放在公司显然能够比分红产生更多的价值；若边际投资收益率低于10%，这笔钱分给投资者，投资者能够获得更多的收益。所以，决定是否分红的关键是公司利润的边际投资收益率是否高于长期无风险利率。

边际投资收益率与净资产收益率有比较大的区别，公司净资产收益是全部净资产产生的利润，而边际投资收益是这笔钱投资于公司业务预期能够产生的利润。两者有时是近似一致的，有时差别非常大。

过去10年，房地产和银行等资金密集型行业快速发展，处于资金饥渴状态，每笔利润都能按照等同于净资产收益率的边际投资收益率来获得投资收益。因为房地产公司立刻可以拿利润来买地建房再卖出，进一步赚取更多利润，银行可以把利润当作核心资本，利用杠杆增加贷款额度赚取更多利润，这种边际投资收益率基本保持与净资产收益率相同，一般高于15%。在这种情况下，最好的策略是不要分红，并且在高市盈率时增发股份融资，让资本以较高的复利滚动起来。

对于品牌消费品等轻资产公司，如高端品牌白酒公司，其销量由市场需求驱动,销售收入增长率一般较平稳,而净资产收益率非常高,一般超过 30%,但边际投资收益率并不高,原因在于每年产生的利润远大于固定资产投资所需,大部分利润若不分红,则只能存在银行获取较低的投资收益率。这种情况下,最好的策略是在满足增长的前提下大比例分红,让投资者自己寻找更能有效配置资产的途径。

对于行业停止增长或缓慢增长、净资产投资收益率低于长期利率的公司,如许多钢铁公司,利润再投资的收益率还不如银行利率高。在这种情况下,最好的策略是每年的利润除了偿还债务外,减少或停止新的固定资产投资,尽可能多地分红。

总之,对于上市公司,判断边际投资收益率是决定分红策略的关键,若边际投资收益率高于长期利率,应该少分红或者不分红,相反则应该多分红;对于不同公司,边际投资收益率与净资产收益率的差距不同。

公司内在价值实现的 11 种路径

2014-01-14

投资的核心是找到价格大幅低于内在价值的公司,然而,即使找到这样的公司,也会存在价值难以实现或时间成本太高的情况。梳理一下内在价值实现的路径有利于投资决策的制定,这里的内在价值指未来现金流的折现和清算价值两者的最大值。

取得控制权

若一个公司的市值远低于内在价值,那么取得公司的控制权是实现内在价值的有效路径之一。例如,某公司的市盈率只有 1 倍或者净运营资产远高于市值,若投资者能够取得多数股权,则可以立即在董事会中取得控制权,制定高分红政策,或者出售一部分不影响运营的证券再大幅分红,或者回购股票,或者用现金

⊖ 原文刊载于《证券市场周刊·红周刊》2014 年第 2 期。

收购其他低估资产,或者聘用优秀管理层等,从而实现公司的内在价值。

这种方法适用于拥有较大资本量的机构投资者或产业投资者,并且需要相关的自由市场和股权结构来配合,若股权集中度高的话,如一股独大,那么这种路径就难以走通。国内的情况更加特殊,若公司有国有股份,取得控制权会非常困难。而且中小投资者更没有实力取得公司的控制权。

提高分红率

在多数情况下,公司管理层的利益和股东的利益不一致,管理层往往有把公司规模做大的欲望,就像狮子为了扩大地盘一样,甚至不惜血本、不讲求投资收益率。留存大部分利润或进行无效的再投资,对管理层来说就是浪费资本。

有些公司会在银行账上留存大量现金,收取跑不过通膨率的利息,而资本市场往往只看分红收益率,若此时公司遇到行业困境,市场会把公司的股价打到不可思议的低位。此时,提高分红率是提高市值的有效途径,例如某公司的分红率为30%,利润为100亿元,市值为600亿元,对应的分红收益率为5%,和债券的收益率接近,如果公司把分红率提高到50%,为了维持5%的投资收益率,市场会把总市值推高到1000亿元,市值增加了

66.7%。

回购股票

在整体市场低迷或某个行业的景气度被低估时，公司的股价经常跌至净资产以下或者净现金以下，而公司的长远价值显著高于股价，这时回购股票是非常有效的提高每股价值的方式。

案例：某公司的利润为100亿元，市值为500亿元，股数为50亿股，净资产也是500亿元，市净率为1倍，市盈率为5倍，每股净资产为10元，每股净利润为2元，若公司回购2.5亿股（5%的股本），共花费25亿元，总股数变为47.5亿股，每股净利润变为2.1元（提高了5%），若保持市盈率不变则股价会上升至10.5元（提高了5%）。

同样花费25亿元，股价越低，能够回购的股数越多，那么每股内在价值提高的比例就越大。

回购股票还有一个好处——相对于节省了分红税。

公司并购

证券市场短期的走势主要靠资金供需决定，在市场低迷时，容易出现大量被低估的公司，而一些市值较小的公司经常会被别的公司收购或者被主要股东私有化，这种方式也是实现内在价值的途径之一。

案例：某骨科器械公司行业前景广阔，利润增长稳定，现金充足，且没有负债，但受市场低迷的影响，市盈率只有约10倍，某国际医药巨头看上了这家公司，以30倍市盈率的价格进行了全额要约收购，投资者在较短的时间内获得了3倍的收益。这种机会可遇不可求。

要素价格变化

当公司主要产品的售价大幅上升或主要原材料价格大幅下跌时，利润会快速增长，超过市场预期，会带动公司股价回归到内在价值，甚至会远超内在价值。

案例1：中石油[1]。巴菲特在2003年买入中石油时，认为中石油的市值只有内在价值的三分之一，并预测石油的价格会长期超过当时的价格，之后果然原油价格从约40美元/桶涨到超过100美元/桶，公司的净利润在产量和油价的双重带动下大幅增加，中石油的总市值4年上涨了约7.3倍。

案例2：火电行业企业。当煤炭价格高企时，火电企业由于成本高而出现较多亏损，股价低迷，当煤炭需求下降导致价格下

---

[1] 全称为中国石油天然气集团有限公司。

跌后，火电企业的成本降低而利润会增加，从而带动火电企业回归应有价值。

悲观预期落空

市场在悲观时会走向极端，错把一些质地优良的公司当破产公司处理，或将短期负面因素放大，将市值打压得远低于合理价值，若将来负面信息的实际影响没有想象的大，公司开始恢复元气，股价会大幅上升以修正过于极端的预期。

案例：伊利股份（简称伊利）。三聚氰胺事件轰动全国时，伊利和蒙牛也没能幸免，导致伊利在2007年和2008年连续亏损，但中国人还是会继续喝牛奶，伊利牛奶的质量相对可靠，伊利仍然是中国排名前列的知名品牌公司，市场的预期过于悲观，导致市值最低时只有营业收入的四分之一，风波过后其利润逐步恢复，在2008年买入者获得了约6倍的投资收益。

投资开始变现

若一项固定资产的投资期限较长，公司可能在较长的投资期内没有产生利润，但资本支出较大，自由现金流持续为负值。由于在项目没有产生利润前会存在各种变量，市场往往会忽视这种投资项目的潜力，甚至会因负债增加而打压公司股价，使得股价远低于内在价值。一旦项目投产开始产生利润,各种不确定性消失,市场也开始醒悟了,股价开始向内在价值靠拢。

案例:某水电公司。公司连续数年花费上千亿元投资于水电。在项目未投产前,股价未反应将来投产后的价值,当项目陆续投产产生利润后,股价开始跟上节奏。

市场份额扩大

有些公司由于拥有非常明显的竞争优势,能够在市场竞争中不断扩大市场份额,使得公司利润持续增长,而市场可能在短期内没有认识到这种潜在增长或者市场处于萧条期,公司的股价没有反映其内在价值,当公司利润随着市场份额的扩大持续增长时,市场开始追捧使得价格向上冲刺。

案例1:可口可乐公司。巴菲特在投资可口可乐公司时,看到其国外市场的份额逐渐扩大,当时的股价约15倍市盈率。随着可口可乐在全球市场的销量增高,利润也持续增长,随后证券市场热捧可口可乐公司的股票,在2000年时其市盈率高达70倍。

案例2:沃尔玛。美国零售行业长期处于总量增长缓慢的状态,但沃尔玛凭借低成本造就的低价格优势逆势成长,从一家街头零售店逐步发展成美国销售额第一的零售连锁企业,并进入国际市场，成长为世界五百强排名第一的公司，其股票价格在过去30年增长了约100倍。

利润率提升

有些行业在发展初期，行业内公司众多，公司之间未形成显著差异，市场竞争激烈，价格战此起彼伏，此时毛利率较低，主要竞争者以扩展市场占有率为主要目标，利润的增速低于营业收入的增速。一旦行业竞争格局确定后，集中度提升，行业内剩下2~3个有绝对优势的公司，公司之间的价格竞争开始缓和，优势公司的利润率开始提升，进入利润增速大于营收增速的阶段，市场会相应提高各个公司的估值。

国内典型的例子是空调行业和乳制品行业，头十年的激烈竞争使得优胜劣汰，进而行业集中度提高，剩下的优势公司利润率逐步提高。

案例：格力电器。在1998~2005年期间，空调行业处于激烈的市场竞争阶段。由于价格战频繁，格力电器虽然营业收入在快速增长，但利润率却在下降，净利润增速低于营业收入增速。2005年之后，空调行业完成洗牌，进入优势企业占有率和利润率都大幅提高的阶段，格力电器的利润率从2005年的2.8%提高到2011年的7.5%，市场占有率从19%增长到36%，净利润大幅提高,股价也随利润快速增长。

大股东增持

如果公司的股价相对内在价值被大大低估,主要股东进行大比例的增持也是实现价值的有效途径。大股东增持一方面会提振其他股东的信心,另一方面也在减少市场流通量,有利于股价的提高(存在套利的机会,但对每股内在价值没有贡献)。

大股东增持的极端情况是公司被整体要约收购。管理层增持股票和大股东增持的效果类似,差别在于增持数量的多少。

剥离低效资产

有些公司在进行多元化经营时,管理能力、资本等资源不足造成一些资产低效运行甚至亏损,拉低了公司的整体盈利能力。市场往往给这类公司较低的估值。剥离低效资产并专注于自己有优势的产业,会提高公司的内在价值和市场价值。

案例1:美国运通。美国运通在20世纪80年代末进行了多元化经营,为了满足客户的所有金融要求,试图建立"金融超市",陆续收购了投资银行和经纪业务,造成现金流被无效利用,整体利润也开始下降,后来新任CEO聚焦于主业,剥离了投资银行、数据处理等部门业务,利润和股价都开始大幅上涨。巴菲特投资美国运通获得了约5倍的收益。

案例2：通用电气。公司前CEO韦尔奇实行"数一数二"战略，只留下能够在相关行业中竞争力排名第一第二的业务，出售竞争力弱的子公司，使得通用电气的业绩和股价齐飞。

如何给公司估值

2015-05-03

我们一直说：在价格远远低于价值的时候买，远远高于价值的时候卖。那么如何给公司估值？

如何估计公司内在价值是投资要思考的核心问题，也是最有难度的地方。

首先，估计公司未来现金流涉及概率估计。当某个事件发生的概率大到一定程度时，可以谓之确定性较高；如果公司的未来现金流受多个事件连锁驱动，而其中一个事件发生的概率不高，总概率则会急剧衰减。所以变量越少，越容易概率估计，要获得大概率的估计，就需要筛选过滤掉低概率的事件。

其次，公司可分为可预测的和不可预测的。一些公司由于技术变化太快或者关联变量太多，使得其可预测性非常低，即使最了解行业和公司的人也难以做出高确定性的估计，那么可以把此类公司归为不可预测的公司。在做公司未来现金流估计时，避开不可预测的公司是明智之举。

再次，在可预测的公司中寻找自己看得懂的公司。这是个长期积累的工作，并不是一门严密的科学，每个人成长、学习、生活、接触的环境不同，投入的精力有差异，所以了解的公司和行业也不同，并不是公司 CEO 就最能看懂公司，专业投资人可能积累 10 年才能看懂几家公司，这里看懂是指能够高确定性地估计公司未来 5 年以上的利润区间。

最后，在找到能够看懂的公司后，有两种方法可以确定是否达到投资标准。一种方法是估计预期收益率，假设以目前价格收购该公司，估计公司未来 5 年或更长时间最少能够产生多高的预期收益率，如果这个预期收益率能达到自己的标准，即可买入。另一种方法是估计内在价值，使用保守的折现率，用现金流折现的方法估计最保守的内在价值范围，有些简化模型可以方便地估算，我们不需要也不大可能精确列出每年的详细数据。

讲了这么多，你可能认为我说的都是废话，说了等于没说，这就达到效果了。多数时候，是看不懂；有时候，看懂了但价格太高；有时候以为懂了，其实没懂；有时候，懂的程度不是很高。所以多数情况下，投资标的很稀缺。

竞争优势、管理层、行业属性等诸多因素决定了能看懂的程度，而懂的程度和价格决定了概率和赔率，概率和赔率决定了仓位，总之，仓位得和确定性高低相匹配。

浅谈 GDP 增长的关键因素

2016-05-05

如果把全球当作一个经济体,其 GDP 取决于地球全部人类创造财富的多少,和内部组织之间的货币换算关系(汇率)没有太大关系。最近有专家建议通过人民币贬值来救经济,这是本末倒置,一国汇率与单位货币价值含量挂钩,就像股价和内在价值挂钩一个道理,汇率是结果,而不是原因。况且中国目前仍然是第一大贸易顺差国,寄希望于通过贬值来提高经济增长速度,无异于拔苗助长。

那么什么是促进 GDP 增长的关键因素?

如果把国家当作一个公司,一个国家的年生产总值(GDP)相当于一个公司的营业收入,国家的 GDP 是全部公司、政府组织和个人的营业收入加总再进行内部抵消,内部抵消后,GDP=劳动者报酬+生产税净额+固定资产折旧+营业盈余。

那么如何提高 GDP 相当于如何提高整个国家的营业收入，其中公司是现代社会经济创造的主体。

营业收入 =（营业收入／总资产）×（总资产／净资产）× 净资产
     = 总资产周转率 × 杠杆率 × 净资产

所以想要提高营业收入，有 3 个方法：

1. 提高总资产周转率。公司的资产周转率和行业属性有关，比如零售业的周转率高于房地产，互联网公司的周转率可能更高。而对于一个国家或地区来说，第三产业的周转率大于第二产业，高端制造、高科技等行业的周转率高于重工业和低端制造业。所以经济转型确实是一个方向，这也是日韩和中国台湾地区曾经走过的路。

2. 提高杠杆率。中国目前整体的负债率不算高，也不算低，再往上提升的空间有限。

3. 追加投资，即提高净资产。投资主要来源有两个，一个是政府，一个是企业，政府负责基础设施的投资，企业主要根据市场原则来增加投资。

在不提高杠杆的前提下，企业能够投资的前提是有利润可进行再投资，所以企业的盈利能力，即净资产收益率（ROE）是促进投资和经济增长的关键因素。

如果一个国家的企业盈利能力很低，如 ROE 平均只有 5%，通货膨胀率为 2%，净利润的 60% 用于再投资，即 3% 的再投资率，减去通胀率 2%，那么 GDP 增长速度约为 1%，日本就类似这种情况。

相反，如果一个国家的企业盈利能力很强，如 ROE 平均 12%，通货膨胀率为 3%，净利润的 60% 用于再投资，即 7.2% 的再投资率，减去通胀率 3%，那么 GDP 增长速度大约为 4%。美国就类似这种情况，美国过去 50 年标普 500 指数公司的平均 ROE 约为 12%。

由此可见，整个国家主要企业的 ROE 水平和 GDP 的增速有密切关系，那么怎么提高整体企业的 ROE 水平和 GDP 增速？我认为有如下几个方面：

1. 用市场化方法淘汰低效产能和过剩产能，让市场竞争力弱的公司被兼并或倒闭，留下竞争力强的公司。如果政府利用货币、利率、行政政策等手段干预市场的正常淘汰，必然会导致低效企业大量存在，经济结构难以转型，造成整体企业的 ROE 长期处于低位，最后使得经济陷入泥潭。

2. 降低企业税赋水平。减税能够直接提高企业 ROE，从而增加投资和 GDP 增速。

3. 加快国企改革。大部分国企缺乏所有人利益关联性，不符合市场经济下的自由竞争角色定位，低效投资、产能过剩、转型难都与此相关，目前的产能升级和结构化转型也迫切需要国企改革来配合。

4.增加政府的基础设施投资。地铁、公路、铁路、机场、互联网等基础设施属于公用设施，收益率不高且协调难度大，单个企业缺乏动力和能力来投资，但是对经济增长的贡献较大，政府进行适度超前投资有助于经济的良性增长。

投资分析的几大误区

2016-06-01

看到许多投资分析文章或研究报告,其中的一些分析论据惨不忍睹,故列举投资分析的几大误区:

1. 股价曾经很高,所以未来有潜力。

    股价过去有多高,只能说明过去人们的疯狂程度有多高,未来人们的疯狂程度是无法预测的,而且未来长期股价和内在价值相关,和过去股价没有必然关系。

2. 把梦想当现实,把战略当前景。

    一些公司喜欢在年报中公布遥不可及的计划,为了迎合投资者炒作,许多计划紧追当前市场热点和概念,还有些公司喜欢讲故事,一些投资者甚至把梦想理解成现实,把战略当作理所当然的前景,而没有仔细考虑成功的概率。

3. 同行公司估值高,所以该公司有潜力。

经常在研究报告中看到股票推荐理由是:同行业估值有多高,所以该公司股票被低估。这是很奇怪的理由,这个理由的内在逻辑是认为市场会把股价炒到和同行一个水平,但是如果整个行业已经泡沫严重,平均 100 倍 PE 的估值,仅仅因为该公司股票才 60 倍 PE 就认为被低估了吗?我比猪八戒好看,是否能证明我很帅呢?是否值得投资的唯一标准是股价是否比内在价值低,而不是其他。

4. 依据季度或年度利润调高或调低目标价。

某水电站有一年上游下雨偏少,造成发电量偏少,然后分析师和投资者纷纷抛弃该公司,投行给的目标价一降再降,股价持续下跌。第二年来水正常,股价的目标价又被大幅提高,股价又大幅上升。然而该公司的内在价值真的发生了这么大变化吗?恐怕未必,水电站的内在价值也就是未来现金流取决于未来 10 年以上的利润,也就是取决于未来 10 年以上的平均来水状况,而长期平均来水量基本是恒定的,1 年的来水量波动并不会大幅影响内在价值,动的不是价值,而是人心。

5. 用 Excel 计算未来现金流。

一些研究报告煞费苦心地把未来多年每年的利润精确

计算出来，然后精确地计算出现金流贴现值用于估计内在价值，基本思路没问题，但是这可靠吗？作为公司管理者，我自己都不知道公司明年会有多少利润，投资者和分析师如何知道未来若干年的精确利润？但是，我并不是说公司的内在价值范围不能确定，内在价值的确定只需要得到保守状况下的最低水平即可，也就是说只要能够确定最低的预期收益率就能做投资决策，不需要做精确但可能是错误的预测。

6. 猜测市场喜好，分析市场热点。

　　猜测市场热点和喜好本是散户热衷的事情，但没想到许多投资研究报告也热衷于这一套，大篇幅地紧跟市场趋势，抓热点吸眼球，都在谈论风而无人看猪，实在是浪费阅读人的时间。

浅谈公司估值的影响因素

2016-06-10

给公司估值既是一门科学,也是一门艺术,没有纯粹的公式,还掺杂着不确定性,一些基本因素对估值有非常大的影响。

经常性和非经常性利润

在估值时,最为常见的问题是混淆了经常性利润和非经常性利润,众所周知,前者的估值高于后者,也就是说,同样是1亿元利润,如果给前者10倍PE,后者的估值应该大幅低于10倍PE。

非经常性利润又分为两类,一类是财务报表所列的非经常性利润,一般为政府补贴、出售资产盈利等,这类非经常性利润比较好理解,也容易辨别。另一类为隐蔽性非经常性利润,这类比较多,从报表上难以看出来,下面举两个例子。

1. 周期股在行业顶峰时的利润。航运业和造船业曾经辉煌时利润丰厚，市场按照当时的利润给予十几倍市盈率，当产能过剩后，利润大幅缩水，市场估值和利润双杀，航运股和造船股跌幅惊人。钢铁、煤炭、汽车、设备制造、房地产等行业也有类似的属性，在行业繁荣时需要谨慎，因为此时的利润里面包括了一部分非经常性利润，其内在价值要打折扣。

2. 牛市时受益公司的利润。券商在牛市时受益较为明显，正反馈效应会导致牛市时券商的利润快速上升，但此时的利润里面也包含一大部分非经常性利润，在估计内在价值时需要重点考虑，券商股在牛市时不宜用市盈率来进行估值。同样，保险公司和资产管理公司的投资收益也会在牛市时大幅增加，也不宜用市盈率来估值。

为了避免第二类非经常性利润导致估值失真，建议做适当剔除或对多年利润进行平均后再进行内在价值估计，另外一种方法是估算未来平均净资产收益率，然后用预期收益率估算买入价。

存量和增量业务

存量业务　公司的营业收入来源于顾客的重复消费，如水、电、煤、饮料、房租等属于短期消费品，需要重复消费，今年消费了，明年还必须消费，经营这类业务的公司营业收入波动较小，可预测性强，在估计内在价值时也比较容易。

增量业务　公司的营业收入来源于增量市场，主要为耐用品行业，如设备制造业、住宅地产、汽车等。以钢铁设备为例，钢铁设备主要供应给钢厂，如果不增加新的钢厂，新生产出的钢铁设备就难以销售出去，如果钢铁业产能过剩导致对新钢厂的投资减少或停止，钢铁设备制造公司的利润会锐减。依赖增量业务的行业往往都是强周期行业，利润波动大。

相对于存量业务公司，处在繁荣期的增量业务公司的估值应该更低。投资者需要警惕在繁荣期落入陷阱，在行业低迷期投资更加安全。

分析公司的一些经验

2016-07-01

在大学，有次我做化学实验时，老师问我一个问题，我回答是"我感觉……"，结果被批评了一顿。这件事给我的教训是，不要用感觉说话，要用数据说话。

做投资也是一样，最好欺骗的人是自己，最好糊弄的人是自己，对自己最好的人是自己，最能容忍自己的人自己，做到对自己诚实很难。感觉是靠不住的。

就拿分析一个公司来说，微观调研并不一定有用，因为许多上市公司业务庞大，连公司内部员工都只能知道冰山一角，甚至连董事长也难以准确判断未来，这也难怪会出现产能过剩这种全行业的问题了。

所以分析公司有点类似盲人摸象，自己摸的一角并不足以作为推理的依据，那怎么办？我的一点经验是：

1. 仔细看财报和招股书。如果要了解公司的全貌,读财报是第一步,当然财报也会作假,所以看财报之前先做好财报作假之准备,然后逐步辨识。通常,有长期业绩记录的大型知名上市公司做假账的概率低,国企相对没有做假账的动力,小民营企业老千相对比较多。公司财报是最能完整说明公司业务的文件,做调研之前必须仔细认真阅读年报,问出的问题才不会太初级。招股书是了解行业的好资料,一般招股书都会包含行业的各种分析。

2. 看一切能够找到的资料。首先是公司网站,把网站资料翻一遍,大概率会找到一些值得阅读的资料,然后搜索相关的公司分析文章,重点了解一些负面内容。

3. 建立资料和数据库。前面的工作做完,对公司基本上就有了大致的了解,然后可以思考构建想要考察的内容,把想考察的全部数据记录下来,做成表格,许多数据可能需要花费大量力气来找,部分数据可能还需要计算,这个过程做完,基本上就能比较深入地了解这家公司了。

4. 调研。一般可以打电话给董秘,或者找行业内人士,问一些关键的问题,有条件可以拜访公司管理层,另外可以去实地体验公司的产品和服务,这些是为了证实自己的理解对不对,但总体意义并没有那么大,因为调研只能看到冰山一角。

5. 思考未来业绩的确定性。做完前面的部分功课，可能就会放弃一些公司，也许是因为太复杂看不明白，也许因为很容易看到未来的业绩会恶化，也许是现在估值太离谱，只有少数公司会被留到这一步。估计未来的业绩最重要的是别做梦，一些公司写了一堆战略，对投资者来说，大部分实现的概率很低，低概率的事情需要全部过滤掉，不予以考虑。保守情况下，如果未来业绩确定性很高，才能避免日后出现永久性亏损。思考确定性可以说是投资最为核心的内容，涉及如何给公司业务估值，如何判断公司的竞争优势，如何判断行业的竞争形势，以及如何判断行业和公司的未来。

6. 确定是否可以购买股票。如果公司未来若干年的业绩确定性比较高，以现价买入，能够大概估算长期投资的收益率达到标准，即可适当配置，仓位和收益实现的确定性成正比。

总之，分析公司最为关键的是不能依靠主观感觉，需要做到对自己完全诚实，充分估计负面因素；做好功课是最基本的要求；考察跟踪一家公司少则几周，多则几年。每付出一点，都相当于往金字塔上垒一层石头，越垒越高。

市盈率应考虑合理负债率

2016-07-04

投资者在考虑公司估值时，经常用到市盈率，但一般只是简单用市值除以净利润计算出市盈率，这种方法只适用于负债率处于合理区间的公司。我认为计算市盈率的公式为：

市盈率 =（总市值 + 非合理负债）/ 净利润

什么是非合理负债？非合理负债指超出公司长期能够保持的负债部分，这部分负债需要用未来的利润来填补，也就是说这部分负债透支了公司的未来利润，所以需要加进市盈率的分子中。

非合理负债 = 净负债 — 总资产 × 合理负债率

一般来讲，每个行业或公司的合理负债率是不一样的。

例如，银行业的合理负债率可能高达90%，因为银行的商品就是货币，主营业务是货币借贷，银行可以长期维持高负债率，所以合理负债率很高。

保险业的合理负债率也会很高，因为保险公司的浮存金越积越多，浮存金的成本很低，公司可以长期保持高负债率。

水电站、核电站等公用事业的合理负债率也很高，因为公用事业有稳定的现金流，债务风险低、评级高，可以长期承担高负债率。

但是，一般制造业公司（包括房地产公司）的合理负债率不会太高，许多制造业公司有周期性，负债率太高容易在行业价值低估时陷入困境甚至破产，所以它们无法长期保持高负债率。一旦负债率超过合理水平，就需要逐步减少负债。

相反，一些快消品公司和轻资产公司，不仅没有净负债，而且还有大量净现金，这种情况下，实际市盈率实际上低于显示的市盈率。其市盈率公式应为：

$$市盈率 = (总市值 - 净现金) / 净利润$$

从概率上看投机的危害

2016-08-06

对于投机这个词难以做出统一的定义，这里说的投机从概率上讲是指：

1. 数学期望等于或小于 0 的决策。

　　什么是数学期望？数学期望是每次结果和概率的总和。

　　比如抛硬币游戏，赢输赌注相同时，胜负的概率都是 50%，数学期望 =50%×1 － 50%×1=0，预期收益率为 0。这种游戏玩一辈子，除了浪费时间，什么都得不到。

　　对于预期收益率为负的事件，参与越多，亏损越多。

2. 资金投入比例与概率赔率不匹配。

　　例如，某事件有 60% 概率赢，赢输都是 100%，在不考虑机会成本的情况下，科学的最高投注比例为20%（60%-40%）。但是如果一下子把全部资金投入进去，这样玩1次，全部亏完的概率是40%，连续玩5次，全部亏完的概率为1-（60%）^{5}=92.3%。

上述是从概率上识别投机，这相对容易，然而从行为上识别投机非常困难。同样买一个公司的股票，有人是投机，有人是投资，这是因为不同的买入价格会使得数学期望差异很大，不同的配置比例会使得投资的性质发生变化，不同的持有时间也会导致概率发生很大变化。

不同的买入价格　巴菲特2003年以2元/股买入中石油，这是价值投资；A股股民以48元/股买入中石油就是投机。

不同的配置比例　对于同样的套利或投资机会，单个10%的仓位可能是稳健投资，100%仓位可能会变成投机，加杠杆可能就变成了彻底的投机。

不同的持有时间　对于同一个公司的股票，持有5年赚钱的概率90%，持有1个月赚钱的概率可能只有50%。前者是投资，后者是投机。

投机最大的危害，不在于可能会亏钱，而在于身在其中而不自知。天天预测股价、大盘走向、宏观经济，我们有能力预测这些吗？我们理性思考过预测成功的概率吗？预测的依据是什么？这么多变量我们如何确保预测准确率？我们有能力预测人们的情绪吗？答案是我们常常是不知道自己在做什么，也没有理性思考过自己的能力范围问题和概率问题，仅仅依靠感觉行事，这就在投机。

预测是投资的基础，但投资只预测能够预测的事，例如少数公司未来几年的盈利能力是可以预测的，但大盘和短期股价却难以预测。同样是预测，有人是在投资，有人是在投机。

投机最大的敌人是时间，重复次数越多，亏损概率越大。一辈子投机，想不破产很难。

举个例子：某件事做一次有5%的概率会导致破产，这个概率貌似很低；然而重复50次，至少破产1次的概率为92.3%，这个概率意味着几乎必然破产。

所以，即使对于小概率会出现不可承受损失的事件，也要防范，不投机是第一步。人生只要富一次足矣，慢点总比"死"了好。不要被高风险的高收益诱惑，理性决策是一种美德。

集中与分散

2016-11-07

集中还是分散不是取决于弹性和安全性哪个重要，集中并不一定不安全，分散并不一定安全，集中往往能够做到收益高且风险小，而分散往往导致收益低且风险高，重点是怎么看待风险二字。

风险包括两层意思，一是造成永久亏损，二是跑不赢通货膨胀。在一个稳定的市场经济体里，长期持有指数基金很容易做到不亏损，大概率也能够跑赢通货膨胀，然而选择性的分散并不一定能够避免这两种风险。

对于没有精力或者没有兴趣去研究商业的人来说，如果要进入股市，只有买指数基金或者主动型基金。指数基金是一种分散投资，在政局稳定的市场经济体里，长期持有指数基金也会获得不错的收益率；主动型基金比较依赖投资者选择基金经理的眼光。

另外，在多数情况下，市场上具备高预期收益率且风险低的公司不多，而且往往好公司对应着高估值，如果100家看得懂的公司有着相近的高预期收益率和低风险，那我们当然要分散布局。然而现实是骨感的，这种美好的时刻一生中也不会出现几次，多数情况下，我们只能找到少数具有高数学期望，同时风险又低的投资标的，在这种情况下，相对集中就是最符合逻辑的选择。

关于集中与分散，巴菲特在1965年有个经典论述：

> 说实话，要是有50个不同的投资机会摆在我面前，每个机会都有每年领先道琼斯指数（简称道指）15个百分点的数学期望值（mathematical expectation，是一个统计学术语，描述的是所有可能出现的相对收益，包括负收益，按照各种相对收益的概率调整后计算出的范围），这再好不过了。要是这50个投资机会的期望值是不相关的（在其中一个投资机会中发生的事件不会影响其他投资机会），我可以把我们的资金分成50份，每个机会投资2%的资金，然后就可以高枕无忧了，因为我们的整体业绩会非常接近于领先道指15个百分点，这个确定性极高。
>
> 实际上不是这么回事。经过一番艰苦的努力，我们也就能找到寥寥几个特别可能赚钱的投资机会。按照我

们的目标，对于这样的投资机会，我的要求是拥有领先道指至少 10 个百分点的数学期望值。这样的机会能找到的就不多，找到的机会里，每个的数学期望值又存在巨大差异。我们总要回答这个问题："按照相对收益的数学期望值，排名第一的要分配多少仓位？排名第八的要分配多少仓位？"这主要取决于第一和第八的数学期望值相差多少，还要考虑第一有多大的概率会出现极其糟糕的相对收益。两只股票的数学期望值可能相同，但是其中一只有 5% 的概率落后道指 15 个百分点以上，另一只出现这个情况的概率只有 1%。前者的数学期望值范围较大，这就会降低我集中投资这只股票的意愿。

所以，应该集中还是分散，取决于个人的能力圈和市场状况。对于没有能力圈的人来说，分散买入整个经济体（即指数基金）并长期持有是个不错的选择，如果想跑赢指数，只能依靠眼光去选择靠谱的主动型基金。对于有一定能力圈的人来说（悲剧的是职业投资人基本都认为自己有能力圈），在多数情况下，相对集中是高收益低风险的最优选择，然而这里面最难的就是如何判断自己是否真的有能力看清某个公司。

理性很重要，但也很稀缺。

关于低估和高估

2016-12-13

假设有两家公司，A公司的市盈率为10倍，B公司的市盈率为20倍，我们经过深入分析公司和行业，结论是5年后A公司的盈利能力大概率和现在持平，B公司的盈利能力是现在的2倍以上且还会继续提高，请问哪个高估，哪个低估，买哪个合适？

我的答案是A公司的估值合适，B公司被低估了，因为持有5年，A公司的年化收益率大约为10%，B公司的年化收益率大概率在15%以上。

上述是个简单的数学模型，实际情况比这个更加复杂。对于任何一个投资者来说，能力范围都是有限的，没有能力对多数行业5年后的盈利能力做出判断，于是许多人就用PE/PB等指标来简单衡量，期望将投资简单化、机械化，但结果往往是令人失望的。

当然，市场经常情绪化，在恐惧和乐观之间徘徊，所以极端的价格隔一段时间就会出现，要么极端的高，要么极端的低。在这种情况下，作为理性的人，我们比较容易判断估值偏高还是偏低。比如，我现在认为创业板指数是被高估的，因为如果一个包含上百个公司的指数市盈率高达 50 倍以上，意味着这上百家公司未来 10 年的利润年均增长率需要维持在 20% 以上，这是小概率事件。但是若有人在其中挑一家 40 倍市盈率的公司出来，我就不敢这么说了，也许这个估值是合适的，所以对于个股，只看 PE、PB 意义不大。

对于有些公司，看 1 年的数据可能你会认为价格偏高，若看 5 年的数据可能你就会认为价格被低估了。这些公司的盈利能力会持续提高，内在价值每年都在增长，在某一年可能涨幅有点大，看起来不便宜，但是 5 年后，它们的盈利能力还会翻倍，5 年的年化收益率仍然很高，那么这时候卖不卖？要不要做个波段？我的想法是抱紧它们，别轻易下车，不要为了芝麻小利而错过后面的大西瓜。

根本上说，判断价格被高估还是被低估取决于现价相对于未来现金流折现是高还是低，未来现金流的判断是核心。判断未来盈利能力就涉及对行业和公司的深入分析，但是对于许多行业和公司，即使深入分析几个月或者几年，我们可能仍然看不清楚；有些看得清楚的，我们最后发现它们没有被低估；只有极少数公司，在花费了大量时间和精力分析后，我们心中有数了，确定价格被低估了，才能采取行动。

既然要判断未来现金流折现，这个"未来"起码是5年以上，甚至是10年以上。这就决定了投资的出发点是长期持有，除非价格短期就透支了未来若干年的盈利能力，或者找到更好的投资目标，或者发现当初判断错了，或者偶然事件改变了条件。

应该跟随巴菲特买股票吗

2017-02-28

最近媒体大肆报道巴菲特买了航空股和苹果公司的股票,然后许多资金闻讯便去跟随,估计巴菲特本人不会建议这么去做。

首先,巴菲特看懂了,不代表我们看懂了,如果没完全看明白就买,就违背了巴菲特的投资原则;即使巴菲特看对了,如果中间股价有大幅波动,比如大幅下跌,我们心里没底的话不一定能拿得住,可能会造成实质性的损失。

其次,巴菲特并不是百发百中的神仙,看走眼的例子也有好几个,比如以前买航空股、康菲石油、德克斯特鞋业都算是失败的投资,去年清仓的沃尔玛也没怎么赚到钱。

再次,跟投的机会成本也许很高。如果我们自己能够找到确定性很高的投资机会,仅仅因为巴菲特买了某公司而跟着去买,可能会丧失更高、更确定的投资收益。再者,巴菲特管理资金的规模已经相当庞大,他可投资的范围受到限制。而且,相对于伯克希尔－哈撒韦早期和中期,他对投资目标的预期收益率已经下降,比如他可能对 10% 左右的预期收益率感到满足,但我们并不一定会满足于这个收益率。

最后,建立自己的能力圈很重要。巴菲特懂的东西我们不一定懂,我们懂的东西巴菲特也不一定懂,一人一世界,每个人的可理解范围都不同。我们可以站在像巴菲特这样的前人的肩膀上形成科学、可持续的投资体系,但投资能力和能力圈需要自己慢慢积累,谁也帮不了我们,看别人打高尔夫和自己打还是区别很大的。

变化是永恒

2017-03-30

从投资的角度看,大部分投资都会面临不断的变化,几乎没有什么是不变的。

大约 50 年前,报纸媒体是非常好的商业模式,巴菲特在报纸行业投资赚了不少,比如《华盛顿邮报》。电视、互联网发展起来后,报纸行业逐步萎缩。

大约 30 年前,电视媒体也是个近乎垄断的生意,后来出现了互联网,然后大众的眼球逐步被互联网夺走了。

大约 10 年前,线下零售还是个火热的行业,沃尔玛凭借高效率创造了一个传奇,于是巴菲特买入了沃尔玛的股票。但今非昔比,网上购物蔚然成风,去年巴菲特旗下伯克希尔-哈撒韦清仓了沃尔玛的股票,几乎没赚到钱。

对于以往一些依靠渠道取胜的消费品牌,网购的兴起带来了很大的冲击，比如上海家化的业绩倒退，并不能完全归于管理层——在商场购物的人少了，线上品牌壮大，线下销售自然受到影响，比如女鞋品牌百丽国际、达芙妮等都受到了很大的冲击。

线下零售被冲击导致许多商场零售铺位租不出去，然后餐饮业大量进入，导致餐饮业出现产能过剩。餐饮业本来就是一个门槛不高的行业，有个几十万元就能开一家不错的餐厅，所以竞争自然很激烈，比如味千拉面、小南国等受到了比较大的影响。

就连银行业也高歌猛进。招商银行管理层说要大力发展金融创新，我非常赞同这一决策，20年前谁会想到用手机就能1分钟转账，现今手机几乎成了人类生活不可分割的一部分，银行想不创新也不行了。

未来20年，绝大部分行业都会面对不断的变化，自动驾驶、虚拟现实、人工智能等将会让生活更加便捷，同时深层次改变各行各业。

经济动力学特征决定了竞争无时不在，唯一不变的是变化。作为投资人需要终身学习，不断开拓认知能力圈，学习能力某种程度上是投资人核心竞争力的主要部分。

PB估值法的适用性

2017-04-25

市场上喜欢用PB或者PE对公司进行估值,但两种方式都有局限性,这里主要谈谈PB估值法的适用性。

适合用PB估值法的是资产依赖性公司。这类公司利润的增加依靠资本的再投入,如果不增加投资,利润则几乎不变,比如银行、水电公司、房地产公司等。

银行的杠杆几乎不变,总资产收益率变化较小,所以ROE和边际ROE都相对稳定,要想增加利润,就需要增加资本金。水电公司也如此,一个已经建成的水电站的平均发电量比较稳定,度电利润也比较稳定,要想增加利润,就需要再投资建设新电站。房地产公司的运营规模和利润水平成正比,如果想提高利润,只能增加资本提高运营规模。

对于资产依赖性公司,长期ROE比较稳定,利润和资本投入直接挂钩，用 PB 估值法比较合适。

轻资产公司则不适用 PB 估值法。这类公司收入和利润的增加与资本的关系不紧密，甚至在不增加资本的情况下，利润也能够大幅增长，比如快消品公司、医药公司、互联网公司。

如糖果公司、可口可乐、贵州茅台等快消品公司固定资产较少，边际投资收益率非常高，产品往往依靠品牌力可以随着通货膨胀提高价格，所以经常在不增加资本的情况下，利润也能增长。

医药公司也是轻资产公司，生产线的投资额一般不高，生产弹性大，研发支出以费用形式从资产负债表上消失了，而以在研产品管线的形式存在，利润的增加和资本的关联性低。

对于许多轻资产公司，由于利润和资本的关联性低，利润增长不完全依赖资本的增加，ROE 会动态变化，所以不能简单用 PB 进行估值。

浅谈资产负债表在估值中的意义

2017-06-01

公司的内在价值为未来现金流的折现。假设一个公司是永续存在的,在任何时间节点上对其进行内在价值估计,其未来现金流都是主要估计的对象,资产负债表的作用主要是确认这个公司能否永续存在,以及支撑公司持续运营的能力,除此以外,资产负债表还有以下几个意义。

1. 如果资产负债表上有大把净现金,需要根据这些现金的属性来进一步判断。如果公司愿意分红或回购股票,且我们有比较可靠的依据对公司进行判断,公司总市值可以减去部分现金,相当于提高了公司内在价值。有些现金是支撑业务增长的,这部分现金相当于营运资金,不能加到内在价值中。有些公司管理层不愿意分红也不愿意回购,喜欢拥有大把现金的感觉,或者资金体外循环(即脱媒),也不大可能被私有化,那么这些现金也到不了投资者手里,保守起见,那还是当作不存在比较好。

2.有息负债的观察意义。如果净有息负债率适当,属于公司正常运营的负债,可以不做考虑。如果净有息负债率偏高,需要把部分负债加到总市值上,相当于减少了内在价值。净有息负债率非常高可能会危及公司的持续运营,此时内在价值需要大打折扣,甚至排除在可投资范围之外。不同行业不同公司的负债类型不同,需要具体问题具体对待,很难用一个统一的标准来判断。

3.资产负债表在估值中的权重。

购买公司其实是购买公司的盈利能力,一个资产负债表比较正常的公司,其内在价值主要取决于未来现金流的折现,这些未来现金流从资产负债表上往往难以判断,不同属性的公司,其未来现金流产生的根源也不同。有些公司的利润依靠品牌,有些公司依靠研发能力,有些公司依靠销售能力,有些公司依靠低成本优势,有些公司依靠平台黏性(用户越多越好),这些往往不会体现在资产负债表中,所以许多公司的资产负债表在估值中的权重很小,有时候小到可以忽略。

因此,市净率的意义需要就具体公司进行分析,对于许多不是依靠资产驱动的公司,市净率的意义并不大。资产负债表也需要根据具体情况进行分析和使用。

如何考虑A、H同股的估值差异

2017-06-27

对于同一个公司,在内地和香港同时上市,如果用内地股票账户(包括基金)买入,A、H股该持有哪个?以前零星说过,现在完整阐述一遍。

对于内地和香港两地上市的公司,汇率问题完全没有必要考虑,因为持有的都是人民币计价的资产,无论汇率怎么变,资产价值并没有变化,长期来看总市值和资产价值会吻合,短期来看,谁也不知道汇率怎么走,即使知道汇率怎么走,也不知道估值差异会怎么变化,所以短期就别看了。

两地的利率水平也不用考虑,因为对我来说,我的贴现率就是我的无风险机会成本,这个值是长期固定的,不会因为香港利率低就调低无风险机会成本,机会成本只会取自己能够取得的最大数值,我当然会取内地能够获得的无风险收益率,而且也只能取内地的无风险利率,因为资金只能留在内地。贴现率一旦固定,内在价值就和两地利率的差异没有关系。

对于通过港股通买港股的某个投资者来说,AH股的差异主要考虑两个因素:

1. 利息税率差别:通过港股通买入港股,利息税是20%,而直接买A股且持有时间超过1年免税。

2. 打新门票差别:港股打新没有市值门槛;A股打新需要配置市值,网下打新单边市场需要1000万元市值。沪深两市配齐需要2000万元以上,考虑到打新是顺便而为,那么所需总资产就会多更多。

根据分红率不同可以分两种情况:

1. 对于分红率很低的公司,比如中国平安的股价分红率比较低(1%~2%),利息税的影响不大,考虑到打新门票,粗略估计,换算成人民币后,H股比A股便宜5%左右是合适的。

2. 对于分红率比较高的公司,比如招商银行,股价分红率3%~4%,那么利息税的影响就不可忽略了,特别是如果长期投资的话,再考虑到打新门票,粗略估计,换算成人民币后,H股比A股便宜10%左右是合适的。

如何评估基金经理

2018-01-07

银行理财刚性兑付逐步解除，私募基金将是人们理财的主要选择之一，而选择私募基金最重要的是评估基金经理，基金经理直接决定投资收益率和风险。那么，如何评估基金经理？作为管理私募基金多年的基金经理，我认为要关注以下5个方面：

1. 长期投资业绩。实践是检验真理的唯一标准，历史业绩越长越具有代表性，长期业绩才能大概率过滤掉运气成分，体现投资水平。最少需要5年以上的投资业绩才能合理评估基金经理的投资能力，如果年复合累计净值增长率不能超过指数基金（如沪深300指数），大概率说明不合格。

2. 投资逻辑。优秀的基金经理需要具备扎实的逻辑推理能力、概率思维、企业价值分析能力。其中概率思维是大众普遍缺乏的思维方式,也是逻辑推理的基础。

3. 理性人格。优秀的基金经理需要具备理性的性格,理解人性,不被市场波动影响情绪,不被周围人的看法所影响,能够独立思考,并从根本点出发,多角度理性思考。

4. 学习能力。研究公司与行业需要非常强的学习能力,要有决心有毅力,认真专注,不惧困难。扩大能力圈也需要强大的学习能力,需要持续学习、大量阅读、勤思考。只有学习能力强的基金经理才能持续捕捉投资机会,创造长期超额收益。

5. 长远眼光。短视是人类进化留下的缺陷之一,在投资领域,立足长远来评估企业价值非常困难,但这恰恰是最为重要的一点,也是超额收益的主要来源。投机往往是短视的结果,立足长远也会有助于避免投机。

护城河：进攻才是最好的防守

2018-05-07

护城河不是静态的，当然存在少数短期看来稳定不变的护城河，比如有些消费品牌的护城河看起来是静态的，目前看还比较安全，但是大部分护城河都是动态的。

可口可乐公司的护城河就稳固吗？如今果汁等饮料对可乐的替代性逐渐增强，可口可乐在成熟市场的增长处于停滞状态。

报纸、电视在互联网出现之前有稳固的护城河，互联网出现后，报纸、电视的广告份额迅速下降。

沃尔玛之前有护城河，但在网络零售兴起后，也完全扛不住。

低成本汽车保险在目前看似有护城河，但是一旦自动驾驶普及，保费会急剧下降，护城河也堪忧。

这样的例子比比皆是，巴菲特投资的这些行业，在当时看确实有稳固的护城河，但是世界在不断变化，更好、更快、更方便、更低成本的商业模式在不停地替代原有商业模式，经济动力学决定：长远看，没有稳固的、坐享其成的生意。

护城河这个定义本身是指防御竞争的壁垒，这种壁垒需要逐渐加厚，如同在战场上，往往进攻才是最好的防守。什么是进攻，创新就是进攻，创新并不是只包括革命性创新，大部分创新是微创新，比如管理效率更高、生产成本更低、产品更好用等，每个行业的创新形态各异。

投资界往往认为，不需要创新的护城河是最好的护城河，这有点理想化。有些商业形态确实变化较少，也是很好的生意，但即使是这种生意，其内部仍然需要不断地进行微创新，否则迟早会被竞争对手赶超。

绝大部分行业都是逆水行舟，不进则退，唯一不变的就是变化本身。作为投资者，只能在变化的商业环境里，力求寻找确定性，做好多层防御，因为商业本身最好的护城河就是积极拓宽护城河，而不是坐享其成。

关于投资组合分散集中

2018-06-24

投资组合中到底包含多少个公司合适,这个问题挺重要,但是众说纷纭,其实可以定量和定性分析一下。

组合中相关性强的公司应该归为一类,比如2家银行应该归为一类。

假设某人投资水平比较高,能够正确评估公司价值,对于单个公司的评估成功率为90%(估计巴菲特的评估成功率大约95%)。

如果组合中弱相关的公司数量为1个,全部失败的概率为10%;

如果组合中弱相关的公司数量为2个,全部失败的概率为$10\% \times 10\% = 1\%$;

如果组合中弱相关的公司数量为3个,全部失败的概率为

$10\% \times 10\% \times 10\% = 0.1\%$;

如果组合中弱相关的公司数量为 4 个,全部失败的概率为 $10\% \times 10\% \times 10\% \times 10\% = 0.01\%$。

以此类推,可以看出,随着弱相关公司数量增加,全部失败的概率极速下降,当数量多达 4 个及以上时,全部失败概率已经降到统计学上的 3δ 水平,再增加公司数量于减少全部失败概率并没有显著意义。

如果组合里公司数量过多,则带来 2 个问题:

1. 人脑容量有限记忆短暂,数量太多不利于综合思考。精力不够用,会导致深度不够。

2. 数量过多,说明机会成本的筛选程度不够,导致组合预期收益率偏低。因为在多数情况下,市场上高收益、低风险的投资机会是稀缺的,这就需要深度筛选而不是普选。

综上可见,组合中弱相关公司数量超过 5 个后,降低风险的作用并不显著,且公司数量过多则可能会导致精力不够、研究不深,以及机会成本筛选深度不够而导致预期收益率太低的风险。

所以我的组合里一般包含 5~10 个公司,保持 4 个及以上弱相关,近十年来效果良好。

如何看得远一点

2018-07-02

我经常说要看得远一点,详细说明一下。

众所周知,公司的内在价值是未来现金流的折现,未来现金流理论上是公司倒闭前或者永续运营产生的现金流,也就意味着,这个"未来"所包括的时间起码是未来10~20年,也就是说,看公司价值得长远来看才有意义。

捡烟蒂的投资方法不用看未来,但是这种公司毕竟太稀少,在多数情况下,看未来现金流才能评估公司价值。

看未来现金流评估公司价值有几个陷阱:

1. 把短期增长长期化。比如去年保险新单增长很快,然后市场就兴奋了,把这种增长长期化来进行估值,导致股价透支,其实这种高增长是不可持续的。同理,近2年地产销售的增长率也是不可持续的,和地产增长相关的电器销售增长率也可能不可长期持续。

2. 忽视长期隐患。比如最近因为一致性评价批件和审批加快,仿制药公司的股价大涨,估值高企,但是一致性评价后会导致仿制药同质化,失去了差异化意味着只剩下价格战和毛利率降低,市场对3～5年后仿制药的竞争激烈程度估计不足,忽视了这个隐患。

3. 不懂装懂。每个人的能力圈都有限,多数公司是大多数人看不懂的,看未来现金流最怕不懂装懂,更可怕的是以为自己懂,其实不够懂。

4. 被市场干扰了判断。比如有些公司只是暂时遇到一些困难,但是市场放大了困难,造成股价大幅下跌。有些投资者会被市场干扰了判断,变得恐惧而错过了最佳买点。

看得远一点,意味着公司产生的未来现金流支撑着公司的内在价值,主观上是希望从公司的发展中获得投资收益,而不是股市博弈。

看得远一点,意味着在市场乐观时保持谨慎,而在市场恐惧时保持清醒,独立思考。市场波动只可利用,而不可预测。

长期跑赢指数为什么很难

2018-11-01

假设巴菲特年轻的时候买了可口可乐等公司,然后用高科技使其休眠,100年后醒来,巴菲特的组合投资收益率会跑赢道琼斯指数吗?大概率不会,为什么?

因为道琼斯指数里的30只成分股会动态调整,当时最具有竞争力的公司有哪些?20世纪30年代道琼斯指数里面一大堆铁路股,再看看今年的指数成分股,没有一个是铁路股,倒是有6个互联网公司、4个医药公司,而这10个公司50年前都不在道琼斯指数里。

也就是说,道琼斯指数代表了美国乃至世界的先进生产力,代表了科技驱动的发展,而科技更新速度是指数级别的,像可口可乐这样的公司虽然可以长期增长,但是也难以跑赢这种科技驱动的增长速度。

年轻的巴菲特 100 年后醒来,会发现道琼斯指数里面没有一个认识的公司,他需要重新认识世界。

所以能力圈不是固定不变的,也会老化、退化,只有不断学习才能使得能力圈跟上时代的步伐,不进则退。

投资不易,求知若饥,虚心若愚。

浅谈概率与仓位匹配

2019-11-15

概率和仓位匹配,这个思想是非常深奥的,展开说说。

首先,概率并不是唯一、固定的,而是具有主观性,对于同一件事,不同的人判断准确的概率是不一样的。

比如判断某个桥梁设计方案是否安全,一般人判断正确的概率可能接近50%,而桥梁专家判断正确的概率可能是90%,这说明能力圈决定了判断准确的概率高低。

比如判断某个药物成功的概率或者市场空间,一般人判断不了,或者说判断准确的概率很低,但是行业专家判断准确的概率则会大幅提高。

对于在某领域没有能力圈的人,判断准确的概率很低,所以应该避免涉入,如果一定要投资该领域,也应该保持小仓位。

其次,概率的评估是动态的。对于在某领域有能力圈的人,也应该根据进展动态评估概率，在不明朗的时候保持小仓位，在概率提高时逐步加大仓位。

比如对生物医药的投资，最开始只有临床前数据的时候，我们判断成功的概率很低，如果看好也只能保持小仓位，随着临床数据的披露，可以进一步评估概率，再根据概率增加或者减少仓位。

再次，同一概率和赔率下，如果有能力找到多个篮子，就把鸡蛋放在多个篮子里，这比放在一个篮子里安全。当能力圈很窄的时候，其实也是很危险的。

当然，篮子太多也会导致精力不够用，这就是涉及如何平衡能力圈的广度、深度和风险性。

总体上说，能力圈、概率和仓位匹配之间相互关联，投资重要的是理性把握这三者的关系，不要超出边界做决策，不要被偏见所左右，不要被情绪所控制。

认真经历每一段

2020-05-21

从一个外行到如今涉入医药行业多年,现在想来,我得益于大学四年级时的毕业论文研究,当时我的导师杨平教授非常认真,给我在试验室分配了办公桌,和他的博士生、硕士生坐在一起,方便平时交流和请教。

我的研究课题是分析一块热轧板的成分,结合专利、论文信息,开发后续工艺,制成高磁感的冷轧取向硅钢,并冶炼出钢坯,我是该试验室第一个做该研究的学生。

当时高等级的取向硅钢主要靠从日本进口,每吨大约3万元,一般钢材每吨3000元,宝钢造出高磁感取向硅钢是后来的事情。

杨教授每周开一次研究进度会议,给出指导意见,教我怎么去查论文,去专利局搜集打印专利,去试验室切割钢板,做各种试验，做各种检测，买器材，并且给我研究经费，让我感觉到自己非常被重视。

我当时也比较认真，不分昼夜地泡在试验室，觉得做研究特别有意思，挺新鲜，也非常自信地认为我可以造出高磁感取向硅钢，为国产化做出贡献。磨样品手上起了很多泡，研究专利和论文，自己设计流程，找人求人做试验做检测，其间也得到试验室师兄的大量照顾和指导，这半年学的东西才不愧于所在大学的名声。

当有一个实验组样品的 X 射线织构图像出来后，我兴奋地跳起来，去找杨教授显摆，他也很高兴，和我一起用扫描电镜又测了一次，结果果然很好。

杨教授建议我读他的研究生，我考虑到当时太穷，想工作赚钱，就没有考研究生，毕业就去了宝钢。

这篇论文获得了学院和大学的优秀论文奖，有几百元奖金，我请导师和师兄去吃了一顿饭，表示感谢。

这个经历让我受益匪浅，让我得到了基础的科研训练，以至于在近 5 年研究医药行业时，不会觉着很难。

人的某段经历，说不好会在以后遇到用处，认真经历每一段，不要浪费时间和人生。

人类社会发展的根本动力是什么[一]

2020-08-09

人类社会发展的根本动力是什么?是科学技术吗?是的,但还不是根本,科学技术还只是一个中间结果,根本动力是网络的进化。

每个人都是一个神经元,可以接受信息、处理信息、输出信息,人类社会是由所有人连接成的巨大神经网络社会,目前这个网络有70亿个神经元。

一万年前,存在许多简单的小网络,这些小网络大概是彼此隔离的数十人、上百人的部落,后来发展成上千人村镇、数万人小城市,再后来成立了上百万人的国家,小网络合并成大网络。

[一] 关于这一问题,我国政治教科书上有标准答案:社会基本矛盾是社会发展的根本动力,生产力和生产关系的矛盾、经济基础和上层建筑的矛盾,构成人类社会基本矛盾,这两对矛盾是推动社会发展的根本动力,决定着社会发展的总体趋势。本节就此问题的探讨基于作者个人的理解。

随着网络扩大，各种基础处理模块应运而生，比如国家、政府、婚姻、道德、法律等。

接着，这个网络开始探索自然界，建立了许多高等模型，以试图理解自然规律并加以利用，经过多代杰出神经元的长期探索和信息的代代相传，这个网络产生了惊人的科技模型，创造出许多科技工具，突破了自然界对人类的限制，让网络里每个神经元生活得更舒服、更健康、更长寿。

一个优秀的网络需要具备：

1. 开放性，可以相互自由链接，最大程度上优化资源配置。我们这个网络所拥有的市场经济和全球化贸易就是开放性的体现。
2. 稳定和秩序，如此才能安全运行，我们的道德、法治和司法等制度就是稳定和秩序的体现。
3. 个体自由和价值实现，这是网络的最终目标。

内在价值的确认过程

2020-09-21

虽然一个公司的内在价值是客观存在的,但没有人可以真正知道它是多少,只能无限趋近。内在价值在不同人眼里是不同的,也会随着时间推移而变化。

举一个最近的例子。

某个生物医药公司管线里有多个产品在开发,其中一个还没有临床数据的细胞治疗药品,是"同类最优"(first-in-class)靶点,这种全新的靶点风险非常高,我之前给其估值为零。

但是我在《自然》杂志上搜到一篇论文,该论文介绍的靶点和上述靶点是同一个,论文中提到美国某医院对该靶点做了15例患者的人体试验,4年后全部没有复发,副作用很少,而该医院同步做了一个数十人的对照观察组,对照组复发率约50%,另外还有血液标志物等多个证据表明该靶点的效果更好。

通过这项对照试验,人们估计的该靶点的成功概率立即上升了,因此该公司的内在价值也上升了一点。

而没有看过该论文的投资者就会低估其内在价值,可能失去一次投资机会或者少赚。

内在价值的评估,某种程度上就是证据链的建立过程,而寻找证据链就需要持续学习、深入研究。

另外,上面这个药品要做完多个临床试验、批准上市、销售,还需要若干年时间,从看到研究成果到最后产生投资收益,这中间的时间往往以年计。投资者要耐得住寂寞。

浅谈利率的高低

2021-01-30

关于利率高低的问题,曾经写过长文谈过,这里简单说下。

假设 A 国的社会平均投资回报率为 10%,贷款利率为 5%;B 国的社会平均投资回报率为 2%,贷款利率为 2%。

哪国利率高?答案是 B 国利率高。

我们判断利率高低是看利率相对社会平均投资回报率高还是低,如果利率高于社会平均投资回报率,就会导致贷款欲望减少,流动性紧张;反过来,就是放水,会导致贷款欲望提高,流动性充裕。

什么是社会平均投资回报率?是指所有人和企业增加投资的边界回报率,可以认为 GDP 增速比较接近社会平均投资回报率。

了解了这个原理,我们就可以解释许多现象。

日本过去20多年GDP增速接近0，利率也接近0，两者相等，并没有扩大贷款欲望，所以并没有导致通货膨胀。

中国过去40年GDP增速在10%左右，贷款利率为5%～10%，利率一直略低于GDP增速，社会贷款欲望强，结果是温和的良性通货膨胀。

欧美过去10年GDP增速为1%～3%，利率和GDP增速差不多，和日本情况类似，也没有大幅通货膨胀出现。

也就是说，考察一国的利率高低，应该用利率与经济增速比较，而不是看绝对值。

2017年投资总结

2017-10-28

2017年是蓝筹丰收年，价值投资成为热门，仿佛市场里都在做价值投资。

过去几年遍地黄金，经过今年的大涨，大部分公司的预期收益率有所下降。投资与其说是科学和艺术结合，不如说是个理性的概率游戏，概率容易估计的部分叫科学，概率难以判断的部分叫艺术。

投资组合的集中与分散主要取决于两个因素。一个是能力圈的大小，能力圈越大，投资可以越分散，比如巴菲特懂20个行业，我只懂5个行业，我必然比他投的企业要少。另一个是投资标的数学期望的离散程度，离散程度越低，投资可以越分散，比如组合里包含10个公司，在确定性相同情况下，如果预期收益率也全部一样，就可以平均分配资金，当然，实际情况不可能是这样，而是按照机会成本差异化分配资金。

相对前几年，目前 A 股和港股可投资标的变少了，许多公司的安全边际从黄金变成了白银，但是许多公司仍然值得长期投资，并且存在被市场忽略的少数黄金，建议投资人稍稍放低未来 1～2 年的回报率预期。

在这种情况下，投资组合自然由之前的相对集中变为相对分散，这是由机会成本、能力圈、数学期望的离散度来决定的，不是主动调整的结果。

稳健是我一直以来履行的投资策略，我不赌单个公司，不跟市场趋势，不追求短期排名，不预测短期市场，不依据宏观判断来投资，把眼光放长远，买股票就是买公司。

对于 2017 年的价值投资风气，市场上有不同的理论，比如核心资产论、价值回归论，我倒是认为没有这么复杂，短期偏好是情绪和经济的随机波动，长期价格是由盈利能力决定的。如今许多人和机构把价值投资当口号喊，疯狂吹票，让我想起 2013～2015 年的全民创业板狂热，现在只是换了一个板块。

2018 年会怎么样我不知道，但是若看之后的 5 年左右，我对投资组合非常有信心，信心来源于多年行业和公司研究的积累，来源于改革开放，来源于中国人民的勤劳和创新活力，来源于中国庞大的市场和经济的持续增长。人们生活水平会不断提高，医疗健康需求、金融服务需求、消费升级需求都会持续旺盛，我们正处在一个千载难逢的好时代。

2019年投资总结

2020-06-04

过去1年犯了两个大的错误。

第一,在春立医疗市值不足20亿港元,PE不足20倍时,当时判断未来5年国产关节假体产品公司增速不会低于年化20%,我花了1个月买了1500万港元,达到该公司流动市值的3%左右,已经到了上限,不能再买,在此情况下,另外买了1000万元港元的爱康医疗,PE为30倍,当时市值40亿港元,也很便宜,但是因为市盈率稍高,没有多买。

这两个公司是国产关节假体产品的龙头公司。因为我在6年前买过港股骨科公司,后被收购,赚了几倍,所以自春立医疗上市就开始跟踪,确定其不是骗子公司后开始入手。

错误就是买的太少,两个公司加起来仓位不足总仓位的5%。1年时间,两只股票分别赚了约350%和300%,但也就

7000万元左右，对组合的收益贡献不足10%。

在高概率低风险的情况下，不扩大仓位，这属于犯错。

第二，去年研究麦迪逊医药后，发现其降血脂RNAi药物的一、二期临床数据很好，副作用低，技术成熟，半年皮下注射一次，95%概率会成功上市成为重磅药品，当时市值才15亿美元左右，我只买了1000万元人民币，仓位不到2%，结果后来被诺华90亿美元收购，赚了约300%，收益也就约3000万元人民币，对组合的收益贡献不足5%。

在这么高概率情况下，只买了这么点仓位，只赚了这么点钱，这就是错误。

反思的结果是：

1. 如果遇到高概率低风险高收益的情况，我不能只买一点点，应该认真打孔㊀，大量买入。
2. 去年的错误有客观原因，也有主观错误，算是试水，我今年开始改错，该买足的买足，刚播好种子，不能在同一个地方摔倒第二次。
3. 前沿医疗领域有很多投资机会，只要我们继续深耕细作，未来果实会源源不断。

㊀ "打孔"这一概念出自巴菲特的"20个打孔位"规则，即将所有精力集中在更少的任务上时，成功的概率就会更大。

2020 年投资总结

2021-02-05

我 2020 年度的投资回报几乎全部来自生物医药，年初时，组合中非医药的比例约 30%，但是全年在非医药上的收益可以忽略不计，到年底时，组合中的股票已经全换成了生物医药公司。

经过我过去 5 年聚焦研究生物医药行业，从国内仿制药，到创新药 me-too，再到国际新药，再到前沿生物制药技术平台，一步步往前走，稳扎稳打，到 2020 年基本形成了一个适度分散、多技术平台、弱相关性、稳健的全生物医药组合。

主要投资的医药技术平台公司如下：

1. RNAi 技术平台。RNAi 机理发现者 2006 年获诺贝尔医学奖，该机理是将 RNAi 递送进细胞，直接降解 mRNA，抑制相应的蛋白产生。

该技术已经有多个药物上市了，目前正在临床开发几十上百款药物，这些药物技术成熟，副作用小，给药周期长，相比抗体和小分子药物有明显优势，前景广阔，治疗领域包括治愈乙肝、遗传罕见病、降血脂、降血压、新冠肺炎病毒、肺部疾病等。

5～10年后，RNAi技术估计会创造数百亿美元的药物市场，我们投资的公司已经获得数倍的收益率，未来还有很大成长空间。

2. ADC技术平台。该技术是将毒性分子连接在抗体上，抗体结合肿瘤表面的受体分子，抗体和毒性分子进入细胞内后，释放毒性分子发挥杀死癌细胞的作用。该技术已经有近10款药物上市，技术越来成熟，给药窗口越来越大，正在产生数款重磅级抗癌药物。

3. 基因编辑技术平台。体外病毒载体的基因治疗已经有数款药物上市，用基因编辑的体外治疗临床试验效果显著，体内基因编辑技术目前也已成熟，处于临床阶段。

预计基因编辑技术将是未来数十年最重要的医疗技术，是大量遗传病比如血友病、ATTR、遗传血管水肿、遗传高血脂等的终极治疗方法，也是CAR-T、TCR-T、干细胞移植等细胞治疗领域的基础技术，发展空间广阔。

4. 蛋白降解技术平台。它的机理是利用细胞内天然存在的垃圾处理系统来降解蛋白，该机理发现者于2004年获诺贝尔化学奖。已经有数个相关公司在纳斯达克上市，该技术大概率会对目前的抗癌小分子药物进行革命性的替代，应用范围广泛。

5. 细胞治疗平台。有3款CAR-T药物已经上市了，地中海贫血干细胞移植也有1款药物上市了，该药物技术成熟，疗效突出。目前临床上在开发数百款细胞治疗药物，正在从CAR-T扩展到TCR-T，从血液肿瘤扩展到实体瘤。

综上可见，我投资的领域大部分都是很前沿的，技术也比较成熟，这样的组合属于确定性和增长空间符合要求的投资组合，适合长期投资。其缺点是目前市值偏小（10亿～100亿美元），产品线比较偏重早期，股价也明显受市场的影响，波动性比较大。但随着这些公司的规模逐步成长，波动性有望逐渐趋于收窄。

我们运气比较好，处于几大新医疗科技成熟的路口上，未来值得期待。

推荐阅读

序号	书号	书名	序号	书号	书名
1	30250	江恩华尔街45年（珍藏版）	42	41880	超级强势股：如何投资小盘价值成长股
2	30248	如何从商品期货贸易中获利（珍藏版）	43	39516	股市获利倍增术（珍藏版）
3	30247	漫步华尔街（原书第9版）（珍藏版）	44	40302	投资交易心理分析
4	30244	股市晴雨表（珍藏版）	45	40430	短线交易秘诀（原书第2版）
5	30251	以交易为生（珍藏版）	46	41001	有效资产管理
6	30246	专业投机原理（珍藏版）	47	38073	股票大作手利弗莫尔回忆录
7	30242	与天为敌：风险探索传奇（珍藏版）	48	38542	股票大作手利弗莫尔谈如何操盘
8	30243	投机与骗局（珍藏版）	49	41474	逆向投资策略
9	30245	客户的游艇在哪里（珍藏版）	50	42022	外汇交易的10堂必修课
10	30249	彼得·林奇的成功投资（珍藏版）	51	41935	对冲基金奇才：常胜交易员的秘籍
11	30252	战胜华尔街（珍藏版）	52	42615	股票投资的24堂必修课
12	30604	投资新革命（珍藏版）	53	42750	投资在第二个失去的十年
13	30632	投资者的未来（珍藏版）	54	44059	期权入门与精通（原书第2版）
14	30633	超级金钱（珍藏版）	55	43956	以交易为生II：卖出的艺术
15	30630	华尔街50年（珍藏版）	56	43501	投资心理学（原书第5版）
16	30631	短线交易秘诀（珍藏版）	57	44062	马丁·惠特曼的价值投资方法：回归基本面
17	30629	股市心理博弈（原书第2版）（珍藏版）	58	44156	巴菲特的投资组合（珍藏版）
18	30835	赢得输家的游戏（原书第5版）	59	44711	黄金屋：宏观对冲基金顶尖交易者的掘金之道
19	30978	恐慌与机会	60	45046	蜡烛图精解（原书第3版）
20	30606	股市趋势技术分析（原书第9版）（珍藏版）	61	45030	投资策略实战分析
21	31016	艾略特波浪理论:市场行为的关键（珍藏版）	62	44995	走进我的交易室
22	31377	解读华尔街（原书第5版）	63	46567	证券混沌操作法
23	30635	蜡烛图方法：从入门到精通（珍藏版）	64	47508	驾驭交易（原书第2版）
24	29194	期权投机策略（原书第4版）	65	47906	赢得输家的游戏
25	30628	通向财务自由之路（珍藏版）	66	48513	简易期权
26	32473	向最伟大的股票作手学习	67	48693	跨市场交易策略
27	32872	向格雷厄姆学思考，向巴菲特学投资	68	48840	股市长线法宝
28	33175	艾略特名著集（珍藏版）	69	49259	实证技术分析
29	35212	技术分析（原书第4版）	70	49716	金融怪杰：华尔街的顶级交易员
30	28405	彼得·林奇教你理财	71	49893	现代证券分析
31	29374	笑傲股市（原书第4版）	72	52433	缺口技术分析：让缺口为你股票的盈利
32	30024	安东尼·波顿的成功投资	73	52601	技术分析（原书第5版）
33	35411	日本蜡烛图技术新解	74	54332	择时与选股
34	35651	麦克米伦谈期权（珍藏版）	75	54670	交易择时技术分析：RSI、波浪理论、斐波纳契预测及复合指标的综合运用（原书第2版）
35	35883	股市长线法宝（原书第4版）（珍藏版）	76	55569	机械式交易系统：原理、构建与实战
36	37812	漫步华尔街（原书第10版）	77	55876	技术分析与股市盈利预测：技术分析科学之父沙巴克经典教程
37	38436	约翰·聂夫的成功投资（珍藏版）	78	57133	憨夺型投资者
38	38520	经典技术分析（上册）	79	57116	高胜算操盘：成功交易员完全教程
39	38519	经典技术分析（下册）	80	57535	哈利·布朗的永久投资组合：无惧市场波动的不败投资法
40	38433	在股市大崩溃前抛出的人：巴鲁克自传（珍藏版）	81	57801	华尔街之舞：图解金融市场的周期与趋势
41	38839	投资思想史			

基金之神彼得·林奇投资三部曲

美国《时代》杂志评选"全球最佳基金经理"
美国基金评级公司称其为"历史上最传奇的基金经理"
彼得·林奇的书是巴菲特指定送给孙子的礼物

每月走访40~50家公司,一年500~600家公司。
一年行程10万英里,相当于每个工作日400英里。
持有1400种证券,每天卖出100种股票,买进100种股票。
管理的基金13年间从1800万美元增至140亿美元。
彼得·林奇对投资基金的贡献,就像乔丹对篮球的贡献。
他把基金管理提升到一个新的境界,把选股变成了一门艺术。

彼得·林奇的成功投资(典藏版)

ISBN: 978-7-111-59073-6 定价: 80.00元

彼得·林奇全面讲解其选股法则与投资策略
每一位认真的投资者都会反复阅读彼得·林奇的经典之作

战胜华尔街:彼得·林奇选股实录(典藏版)

ISBN: 978-7-111-59022-4 定价: 80.00元

彼得·林奇的投资自传
写给业余投资者的黄金投资法则

彼得·林奇教你理财(典藏版)

ISBN: 978-7-111-60298-9 定价: 59.00元

彼得·林奇封刀之作
写给年轻一代的投资宝典

投资大师·极致经典

书号	书名	定价	作者
978-7-111-59210-5	巴菲特致股东的信：投资者和公司高管教程（原书第4版）	99.00	沃伦 E 巴菲特 劳伦斯 A 坎宁安
978-7-111-58427-8	漫步华尔街（原书第11版）	69.00	伯顿 G. 马尔基尔
978-7-111-58971-6	市场真相：看不见的手与脱缰的马	69.00	杰克 D. 施瓦格
978-7-111-62573-5	驾驭周期：自上而下的投资逻辑	80.00	乔治·达格尼诺
978-7-111-60164-7	格雷厄姆经典投资策略	59.00	珍妮特·洛

推荐阅读

比尔·米勒投资之道
书号：978-7-111-68207-3
定价：80.00

巴菲特致股东的信（原书第4版）
书号：978-7-111-59210-5
定价：99.00

漫步华尔街（原书第11版）
书号：978-7-111-58427-8
定价：69.00

格雷厄姆经典投资策略
书号：978-7-111-60164-7
定价：59.00

大钱细思
书号：978-7-111-65140-6
定价：89.00

巴菲特之道（原书第3版）（典藏版）
书号：978-7-111-66880-0
定价：79.00

驾驭周期
书号：978-7-111-62573-5
定价：80.00

市场真相
书号：978-7-111-58971-6
定价：69.00

行为投资原则
书号：978-7-111-66178-8
定价：69.00

与天为敌（典藏版）
书号：978-7-111-65413-1
定价：89.00